2025 年
中国仓储配送行业发展报告

CHINA WAREHOUSING AND DISTRIBUTION INDUSTRY DEVELOPMENT REPORT

中国仓储与配送协会◎编著

中国商业出版社

图书在版编目（ＣＩＰ）数据

2025 年中国仓储配送行业发展报告 / 中国仓储与配送协会编著 . -- 北京：中国商业出版社，2025. 6.

ISBN 978-7-5208-3459-9

Ⅰ . F259.2

中国国家版本馆 CIP 数据核字第 2025TS8240 号

责任编辑：林　海

中国商业出版社出版发行

（www.zgsycb.com　100053　北京广安门内报国寺 1 号）

总编室：010-63180647　编辑室：010-83125014

发行部：010-83120835/8286

新华书店经销

北京军迪印刷有限责任公司印刷

*

889 毫米 ×1194 毫米　16 开　11.5 印张　266 千字

2025 年 6 月第 1 版　2025 年 6 月第 1 次印刷

定价：280.00 元

****

（如有印装质量问题可更换）

2025 年中国仓储配送行业发展报告

编委会

主　任：

孙　杰　中国仓储与配送协会名誉会长

常务副主任：

王继祥　中国仓储与配送协会副会长、专家委员会主任

王国文　中国（深圳）综合开发研究院物流与供应链管理研究所所长

副主任：

沈绍基　中国仓储与配送协会会长

李　燕　中国仓储与配送协会副会长兼秘书长

编　委：

尹军琪　中国仓储与配送协会技术应用与工程服务分会会长、

　　　　北京伍强科技有限公司董事长

汤智全　广州市广百物流有限公司党委书记、董事长

蔡　熙　苏州金峰物流设备有限公司、

　　　　苏州金峰物联网技术有限公司创办人

李　涛　北京时代商联供应链科技有限公司董事长

关赏轩　物联云仓总经理、物联云仓数字研究院院长

张国强　江苏正贸仓储设备制造有限公司总经理

侯　杰　中国仓储与配送协会研究室副主任、专家委员会副秘书长

孙 杰
中国仓储与配送协会名誉会长

　　毕业于北京交通大学（原北方交通大学）运输专业。曾先后在原商业部商业储运局、华运物流实业公司、华运通物流有限公司任职。历任中国仓储与配送协会秘书长、副会长、会长。熟悉国家仓储与配送行业相关法律法规、政策规划、技术标准，曾组织《通用仓库及库区规划设计参数》等多项国家标准的制定工作。

王继祥
中国仓储与配送协会副会长、专家委员会主任

　　教授，研究员，商务部特聘物流专家，国家邮政局发展研究中心智慧发展研究首席专家。现任中国仓储与配送协会副会长，中国商贸物流标准化联盟执行主席。兼任物流信息互通共享技术及应用国家工程实验室研究员，北京航空航天大学物联网专业特聘教授，上海宝开物流系统有限公司高级顾问等。共发表各类研究论文120余篇，完成各项研究报告与咨询报告60余篇，获得国家科技进步二等奖、冶金部科技进步三等奖等各项奖励30余次，有4项成果通过部级鉴定。

王国文
中国（深圳）综合开发研究院物流与供应链管理研究所所长

　　南开大学经济学博士，北京大学管理学博士后，区域经济、产业规划专家，著名物流与供应链管理专家。兼任中国物流学会副会长，美国供应链管理专业协会中国首席代表，深圳市决策咨询委员会专家，南开大学、北京交通大学、香港理工大学客座教授。主要研究领域为区域经济、产业规划，物流与供应链、区块供应链、绿色供应链、企业供应链战略，供应链管理流程与绩效，城市交通与可持续发展，创新及高科技产业应用等。曾荣获"改革开放四十年物流行业专家代表性人物"称号。

沈绍基
中国仓储与配送协会会长

  高级经济师。自 1983 年起，先后在原商业部、原国内贸易部、原国家内贸局从事储运行政管理工作。1998 年以来，先后任华运物流实业公司总经理，中国仓储与配送协会第三、四届会长。现任中国仓储与配送协会第六届会长，国际仓储与物流联盟（IFWL）常务副主席兼秘书长。30 多年来，一直致力于推动现代物流发展，围绕仓储业转型升级做了大量研究性、政策性、开拓性工作。

李 燕
中国仓储与配送协会副会长兼秘书长

  高级物流师。2011 年加入中国仓储与配送协会，现任副会长兼秘书长，负责秘书处日常工作，同时兼任协会包装与单元化物流分会会长。曾先后就职于北京两家上市公司，负责物流体系建设；主持商贸物流相关重点标准研究、托盘及周转箱循环共用标准体系与应用研究、绿色仓储配送与电商包装等相关领域课题研究；在托盘共用系统的理论和实践方面做了大量开创性工作。

尹军琪
中国仓储与配送协会技术应用与工程服务分会会长、
北京伍强科技有限公司董事长

  教授级高级工程师，兼任中国重机协会物流与仓储机械分会副理事长。从事现代物流系统集成工作 30 余年，参与 300 余项物流系统设计与集成工作，著有专著《现代物流系统集成——方法、实践与思辨》，发表论文100 余篇。先后获省部级科技进步二等奖、行业年度人物等多项奖励。

汤智全
广州市广百物流有限公司党委书记、董事长

　　广州物流行业变革发展的践行者，积极推动广州国际物流中心城市建设任务，坚持"一体四翼"发展思路，着力推进中国南部物流枢纽园区建设，并推动广清深度一体化，聚焦民生"菜篮子"，发展跨境电商物流，培育供应链管理新优势，构建"枢纽+通道+网络"现代物流体系，为商贸物流产业高质量发展作出重要贡献。其主编的《弯道超车 百年基业》一书，弘扬了"岩竹精神"，为集团公司乃至社会的实干文化精神谱系增添了精彩一页。曾荣获"2019年度广州市产业发展和创新人才""第四届越秀最美好雇主"等荣誉称号。

蔡　熙
苏州金峰物流设备有限公司、苏州金峰物联网技术有限公司创办人

　　1988年留学日本，毕业后三十多年分别在日本、欧洲和美国等地参与了包括DHL、UPS、FedEx、日本宅急便、佐川急便、海烟物流、中国邮政、顺丰速递、四通一达快递、京东、申洲国际等数百个项目。2012年创建金峰集团，已带领团队共申请专利320余项，授权302项，其中已授权发明专利36项、实用新型专利208项、软著58项。并荣获"中国智能物流产业杰出工匠奖""中国智能物流产业领袖人物"等荣誉。

李　涛
北京时代商联供应链科技有限公司董事长

　　中国仓储与配送协会专家委员会副主任委员，专注于零售连锁和食品流通业物流园区、配送中心的规划咨询。曾为家家悦、永辉、物美、超市发、北国商城、思念食品、生鲜传奇、盒马、新乐、全聚德、海霸王（成都）、美特好等200家零售、医药、食品企业提供商业和物流咨询服务。多次荣获中国连锁经营协会、中国商报等颁发的荣誉奖项。

关赏轩
物联云仓总经理、物联云仓数字研究院院长

　　中国仓储与配送协会专家委员会委员，曾任中国仓储与配送协会云仓专家委员会秘书长。仓储物流大数据与数智化专家，对仓储物流市场有十余年的深入研究，擅长物流园区咨询及规划、仓储产业及市场分析、仓储物流数智化、智慧园区整体设计等，先后组织编写了数百篇仓储市场研究报告，并设计开发了国内首个仓储大数据平台"天镜平台"。

张国强
江苏正贸仓储设备制造有限公司总经理

　　兼任中国仓储与配送协会技术应用与工程服务分会副会长，中国物流与采购联合会物流装备专业委员会副会长，中国自动化学会会员。从事仓储货架设备和自动化产品研发、生产、销售等工作16年，先后获得《安全仓储自动化防护与预警软件》《大数据驱动的仓储智能决策软件》《稳行仓储机器人操控与立体仓库管理软件》《智能仓储机器人路径规划软件》等专利。

侯　杰
中国仓储与配送协会研究室副主任、专家委员会副秘书长

　　英国卡迪夫大学（Cardiff University）物流运营与管理专业硕士。连续10年组织编纂中国仓储配送行业发展报告，总结行业发展特点与规律，预判行业发展趋势；组织编写仓储作业、仓储绩效等多项国家及行业标准制定。参与商务部、国家标准化管理委员会、省级政府部门等组织的10余项课题研究；参与顺丰、新百集团、惠友集团、国家粮食和物资储备局等企业咨询服务项目，并为多个城市提供政策性试点咨询服务。

前　言

2024 年，我国仓储配送行业在复杂的市场环境中呈现出市场规模增长放缓与结构性调整并行的态势。同时，在政策驱动、技术创新和业态融合等多重因素的作用下，仓储配送行业加速朝数字化、绿色化、全球化方向转型。

从行业基本面来看，仓储设施规模保持微增，高标库占比突破 35%；行业面临需求疲软与竞争加剧的双重压力，延续仓库租金下降、空置率上升态势。从政策层面来看，《有效降低全社会物流成本行动方案》等文件出台，为行业优化资源配置、提高效率指明了方向。从资本市场来看，融资规模持续下滑，上市通道显著收窄。从重点领域来看，数智化进程加速，物流大模型与智能化设备广泛应用，近 30% 的新建项目引入智能化设备；绿色仓配取得突破，行业出现首个碳交易案例；产业融合深度拓展；冷链仓配通过统仓共配模式提高效率；危险化学品仓储需求向新兴领域转移；即时配送订单规模超 480 亿单；物流技术装备企业加速出海，在东南亚、欧洲等地实现项目落地。

中国仓储配送行业发展报告作为反映我国仓储配送行业发展的权威读物，已连续发布 20 年。《2025 年中国仓储配送行业发展报告》延续以往结构，涵盖行业整体及细分领域发展情况、优选典型企业案例、筛选行业研究成果，为读者提供政策、标准、数据、模式、经验等，希望能予以启发、有所帮助。

中国仓储配送行业发展报告的编写与发行离不开各界人士的鼎力支持。在此，对参与本书编写工作的企业、院校及专家等，表示衷心感谢！同时，真诚地期待业内同仁提出宝贵意见并积极参与，不断提升中国仓储配送行业发展报告的质量。

编委会

目　录

第一部分　行业发展报告

2024 年仓储配送行业发展与趋势展望 ………………………………………………………… 3

2024 年城乡配送发展与趋势展望 ……………………………………………………………… 14

2024 年危险化学品包装件仓储发展现状与 2025 年展望 ……………………………………… 18

2024 年金融仓储发展回顾与趋势展望 ………………………………………………………… 22

2024 年通用仓库和冷库市场发展与展望 ……………………………………………………… 30

2024 年海外仓发展现状与未来展望 …………………………………………………………… 47

2024 年中药材现代物流体系建设与 2025 年展望 ……………………………………………… 52

2024 年家居供应链发展与 2025 年展望 ………………………………………………………… 56

2024 年物流技术装备发展回顾与 2025 年趋势展望 …………………………………………… 61

2024 年自动分拣行业发展回顾与 2025 年展望 ………………………………………………… 68

第二部分　行业研究探索

从信息化到智慧化：智慧物流系统发展变革路径与趋势 ……………………………………… 77

《中国绿色仓储与配送行动计划》十年回顾 …………………………………………………… 82

四向穿梭车自动化立体库的设计与分析 ………………………………………………………… 87

城配企业新能源汽车使用调研报告 ……………………………………………………………… 94

第三部分　行业典型案例

宝供物流：30 年峥嵘历史引领物流发展，未来布局推动产业供应链高质量发展 ………… 101

京东物流："数智化+行业化"仓储的建设与应用 …………………………………………… 105

华鼎冷链科技：华鼎雪豹数智大模型赋能食品冷链效率全面提高 ………………………… 109

河北港口集团：大型集团一体化物资管理解决方案 ………………………………………… 112

享宇科技：打造"数字仓融通"平台，科技赋能助力乡村振兴 …………………………… 122

惠龙交运集团：河南省浚县多站多网资源共享、客货邮融合发展 ………………………… 130

颜值立方："一带一路"沿线产教融合型品牌海外仓 ……………………………………… 134

第四部分　综合资料汇编

2024 年中国仓储配送行业十件大事 …………………………………………………………… 141

2024 年仓储配送相关政策目录 ………………………………………………………………… 145

2024 年仓储配送相关标准目录 ………………………………………………………………… 146

2024 年主要物流城市仓库租金和空置率 ·· 147

2024 年生产和流通主要行业库存周转次数（率） ································ 149

第五部分　优质企业推荐

2024 年星级仓库 ··· 153

2024 年星级冷链集配中心 ·· 158

2024 年绿色仓库 ··· 159

2024 年电力物资零碳仓库 ·· 169

2024 年仓储服务金牌企业 ·· 170

2024 年仓储配送绿色化企业 ··· 171

2024 年担保存货管理资质企业 ·· 172

第一部分

行业发展报告

2024 年仓储配送行业发展与趋势展望

一、2024 年行业总体情况

（一）设施规模：总体增长放缓，高标库占比突破 35%

据中国仓储与配送协会调查与推算，截至 2024 年底，我国营业性通用（常温）仓库①面积约 12.5 亿平方米，同比增长 0.8%，增速较上年度有所下降。其中，立体库（高标库）约 4.4 亿平方米，同比增长 2.3%，占设施总量的比例首次突破 35%。全国经评价的四星级以上立体库面积超 6500 万平方米，获得"绿色仓库"标识的仓库面积达 5500 万平方米。

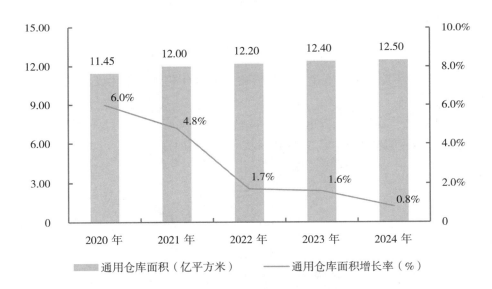

图 1　2020—2024 年通用仓库面积及增速

数据来源：中国仓储与配送协会研究室。

截至 2024 年底，我国冷库总容积约 2.8 亿立方米，同比增长 12.0%，增幅较上年度下降 2.7 个百分点。在冷库建设中，应用节能环保的建筑材料、建设光伏一体化冷库等成为新的趋势。其中，全国新建光伏一体化冷库占新建冷库总数的 20% 以上。

截至 2024 年底，我国经营性危险化学品仓库（第三方危险化学品包装件仓库）总面积

---

① 营业性通用仓库：指提供社会化服务、非生产制造和流通企业自建自用的仓库。

约130万平方米，其中甲类防火等级的仓库占21%、乙类防火等级的仓库占35%、丙类防火等级的仓库占44%。危险化学品仓库的总体规模和结构分布，与上年度基本保持不变。

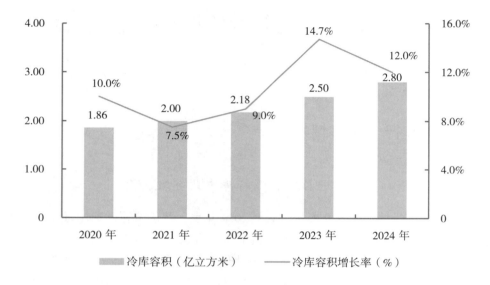

图 2　2020—2024 年冷库容积及增速

数据来源：中国仓储与配送协会研究室。

（二）设施运行：延续租金下降、空置率上升态势

受上游客户需求下降、同业竞争加剧等影响，2024 年仍延续上年度仓库租金下降、空置率上升态势。

2024 年，我国主要物流节点城市通用仓库平均租金为 24.09 元/（平方米·月），同比下降 5.3%；仓库平均空置率为 15.7%，同比增长 0.8 个百分点。

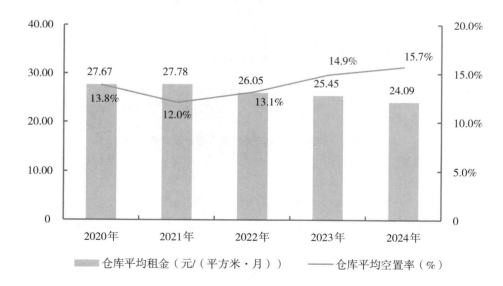

图 3　2020—2024 年仓库平均租金和空置率

数据来源：物联云仓数字研究院、中国仓储与配送协会研究室。

2024 年，我国冷库平均租金为 74.00 元/（平方米·月），同比下降 14.0%，为招揽客户，部分冷库租金已降至常温库的租金水平；冷库平均空置率为 19.5%，同比增长 2.0 个百分点，个别重点地区冷库空置率达到 30% 以上，港口冷库的空置率更高。

据中国仓储与配送协会危险品分会统计监测，2024 年全国危险化学品甲类防火等级的仓库租金为 120~280 元/（平方米·月），乙类防火等级的仓库租金为 100~180 元/（平方米·月），丙类防火等级的仓库租金为 50~120 元/（平方米·月），整体稳中有降。核心区域（指长三角、珠三角地区）的危险化学品仓库空置率低于 5%，非核心区域的危险化学品仓库空置率上升至 15%~20%。

二、2024 年行业总体发展特点

（一）市场需求：消费总体增长放缓，新业态、新渠道增长明显

国家统计局数据显示，2024 年我国全年社会消费品零售总额 483345 亿元，同比增长 3.5%；实物商品网上零售额[①] 127878 亿元，同比增长 6.5%，占社会消费品零售总额比重为 26.5%。从区域分布来看，城镇消费品零售额 417813 亿元，同比增长 3.4%；乡村消费品零售额 65531 亿元，同比增长 4.3%。从消费类型来看，商品零售额 427165 亿元，同比增长 3.2%；餐饮收入 56180 亿元，同比增长 5.3%。

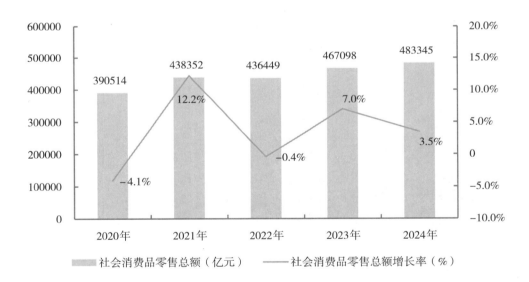

图 4 2020—2024 年社会消费品零售总额及增速

数据来源：国家统计局。

从消费业态来看，百货店、品牌专卖店的营收下降，便利店、连锁超市的营收增长率为

---

① 网上零售额：指通过公共网络交易平台（主要从事实物商品交易的网上平台，包括自建网站和第三方平台）实现的商品和服务零售额。根据第五次全国经济普查结果对网上零售额和实物商品网上零售额数据进行修订，2024 年增速按可比口径计算。

2%~4%，仓储会员店、零食折扣店的营收增长率超30%，内容电商、即时零售的营收增长率超20%。

（二）政策环境：《有效降低全社会物流成本行动方案》发布，对仓储配送行业发展提出新要求

2024年2月，中央财经委员会第四次会议强调，降低全社会物流成本是提高经济运行效率的重要举措。11月，中共中央办公厅、国务院办公厅印发《有效降低全社会物流成本行动方案》，提出5个方面20项重点任务，包括推进铁路重点领域改革、推动公路货运市场治理和改革、推进物流数据开放互联、加快现代供应链体系建设、完善现代商贸流通体系、实施大宗商品精细物流工程、实施"新三样"物流高效便捷工程、推动国际供应链提质增效、加快健全多式联运体系等。面对当前仓储配送行业存在发展不平衡、不充分等问题，《有效降低全社会物流成本行动方案》对仓储配送行业发展提出了新要求，给出了新思路。

（三）资本市场：融资规模持续收缩，上市通道收窄

在市场下行、竞争压力加大等共同催化下，企业通过上市获得资金支持的意愿更加强烈。但从实际情况来看，仓储配送领域获得融资、成功上市的企业越来越少。

企业公开披露情况显示，2024年仓储配送相关融资事件约52起，相较于上年度减少12起。从细分领域来看，自动驾驶、物流机器人连续4年成为资本关注的重点，融资数占比分别为32.7%和21.2%。此外，无人机、新能源汽车成为行业新的投资焦点。2024年，我国成功上市的仓配相关企业共6家，分别是北自科技（智能物流系统）、闪送（即时配送）、易达云（海外仓）、地平线机器人（自动驾驶）、文远知行（自动驾驶）和小马智行（自动驾驶）。

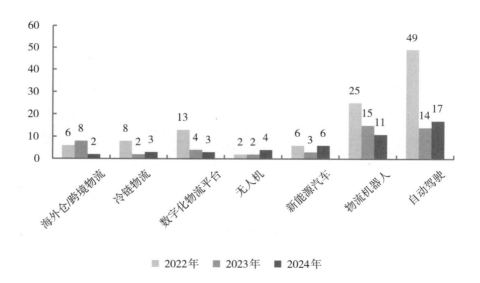

图5　仓储配送连续3年获融资的领域

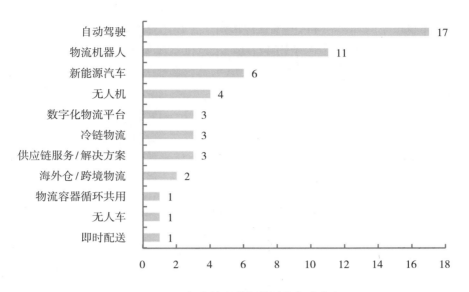

图 6　2024 年仓储配送相关融资领域分布

（四）数智仓配：物流大模型应用深化，智能化设备投入使用，加速提升决策和执行能力

在数字化升级方面，顺丰科技物流决策大模型"丰知"，将大模型技术应用于物流供应链的智能化分析、销量预测、运输路线优化与包装优化等决策领域，实现更精准的预测结果。京东物流全面升级基于大模型的数智化供应链技术全景"京东物流超脑"，将大数据、运筹学等数智化技术与物流各环节深度融合，实现从智能规划到智能仓储与运配，再到智能客服与营销的全链路降本增效。

在智能化提升方面，据不完全统计，在 2024 年投建及交付的物流项目中，近 30% 的项目有智能化设备投入，且渗透到不同产业中。代表性的项目有：神威药业采用北自科技的物流技术装备，实现药品从入库、存储、分拣到出库的全流程自动化和智能化管理；菜鸟为宠粮制造企业提供智能化自动化立体仓储，无缝对接全自动生产线，并实现仓储物流环节的自动化作业；震坤行智能仓库部署 4.8 万个料箱，实现上亿种 SKU 的智能运转，人力成本降低 27%，拣货准确率达到 99% 以上。

（五）绿色仓配：国家全面部署绿色化升级并重启碳交易，业内出现首个碳交易案例

2024 年 7 月，中共中央、国务院发布《中共中央 国务院关于加快经济社会发展全面绿色转型的意见》，首次从中央层面对加快经济社会发展全面绿色转型进行系统部署。

2024 年 1 月，全国温室气体自愿减排交易市场启动仪式在北京举行。5 月，我国碳排放权交易领域首部行政法规《碳排放权交易管理暂行条例》施行，首次以行政法规的形式明确了碳排放权市场交易制度。6 月，国家能源局综合司正式启用国家绿证核发交易系统。8 月，国家能源局综合司、生态环境部办公厅联合发布《国家能源局综合司 生态环境部办公厅关于

做好可再生能源绿色电力证书①与自愿减排市场衔接工作的通知》，明确由可再生能源发电项目业主自主选择核发交易绿证或申请中国核证自愿减排量（CCER）。

上述政策、条例的发布以及交易系统的上线，为仓配企业实现降碳减排、开展碳交易奠定了坚实的基础。

京东产发"亚洲一号"西安智能产业园通过购买中国核证自愿减排量进行排放抵消，成为行业内首个碳交易案例。该园区通过光伏发电和储能系统应用，自主中和部分温室气体排放，并通过碳交易与价值链优化，抵消剩余排放量，最终实现园区的二氧化碳"净零"排放。

（六）产业融合：在服务领域和服务能力上深度融入

在服务领域中，从食品、母婴、医药、快消、服装等消费品的流通环节，逐步拓展至教育、保健品、再生资源、通信设备、汽车制造、能源材料、家电家具、畜牧养殖等，并提供贯穿生产与流通全链条的一体化供应链解决方案。

在服务能力上，从仓配一体化服务，向供应商物流需求管理、仓储网络与库存布局、供应链数字化升级、末端即时配送等延伸。例如，中远海运物流供应链为小米汽车整合30家零部件供应商资源，统筹物流需求，策划运输方案；京东物流为速冻食品品牌皇家小虎提供了一站式的"全国分仓+仓配一体"服务，优化库存布局，自动匹配就近仓库发货；京东物流联合达达秒送为东方甄选打造"前置仓+小时达"模式；菜鸟为麦当劳部署全链条"一箱一码"技术，实现从上游工厂、物流中心到餐厅的全链路一码到底。

三、2024 年重点领域发展特点

（一）冷链仓配：头部企业升级产品、携手合作，推动统仓共配

冷链企业积极探索多元化服务模式，仓配一体化服务得到进一步深化和拓展。万纬推出"万店配"统仓共配产品，基于万纬的全国性仓网布局，实现全品类全温区 SKU 统一入仓、同区域多客户多 SKU 共同配送，通过仓网覆盖、运网覆盖、准时准点、运营保障、食品安全、科技加成、客户服务等七个方面，有效解决冷链仓配的痛点和难点。顺丰冷运与万纬战略合作首仓落地，共同制订 BC 同仓"一盘货"的冷链供应链解决方案，通过提供一站式的温控存储、分拣打包、配送等服务，成为高品质冷链物流服务标杆。

（二）危险化学品仓储：需求分化明显，综合服务商逐渐崛起

危险化学品仓库因"资质"门槛高，属于业内的紧俏资源，多年来一直供不应求。然而，受市场需求萎缩的影响，危险化学品仓储企业也面临生存压力。

据中国仓储与配送协会危险品分会调查估算，2024 年传统化工品仓储需求同比下降 8%

---

① 可再生能源绿色电力证书：简称"绿证"，是可再生能源绿色电力的电子"身份证"，也是我国可再生能源电量环境属性的唯一证明。1 个绿证单位对应 1000 千瓦时可再生能源电量。绿证交易主体包括卖方和买方。卖方为已建档立卡的发电企业或项目业主，买方为符合国家有关规定的法人、非法人组织和自然人。

~10%。锂电池材料、光刻胶、湿电子化学品、生物制药等高附加值、新兴领域危险化学品仓储需求则上升明显。

提供单一服务的仓储企业面临生存压力。2024年，仅提供仓储服务的企业中，超30%出现亏损，平均毛利率降至5%。提供仓储、运输、供应链金融、电商等一体化服务的企业则实现总营收、净利润双增长。

（三）金融仓储：十年成果进入创新推广应用阶段，助推具体品类融资

自中国仓储与配送协会金融仓储分会成立至今，历经了10年的探索实践，我国金融仓储已构建"知识体系+标准体系+行业自律+登记公示类基础设施"全方位的仓储融资服务生态体系。

在"第十届中国金融仓储创新发展大会暨酱酒行业资产数字化大会"上，中国仓储与配送协会全面总结了金融仓储管理规制与仓储融资服务体系建设的阶段性成果，联手酱酒领域产业链服务的平台企业、金融仓储企业、酒厂、金融机构等，共同建立酱酒存货融资和资产数字化生态图谱，形成行业融资闭环结构，解决酱酒行业中小企业的融资难题。

（四）自助仓储："标准+论坛"双向赋能，共同规范发展、提升凝聚力

2024年2月，团体标准《北京自助仓储经营基本要求》正式实施，该标准规定了自助仓储经营的基本要求、设施要求、设备要求以及运营管理、客户管理、存储物品管理、安全管理、信息管理等要求。该标准作为自助仓储领域的首个企业经营方面的标准，填补了自助仓储领域标准的空白，对规范发展有重要意义。

10月，中国仓储与配送协会会同亚洲迷你仓商会在北京举办2024亚洲（中国）自助仓储发展论坛。本次论坛作为首次在中国大陆举办的自助仓储会议，围绕行业现状、发展机遇和规范化建设对亚洲国家的自助仓储发展进行了深入讨论，为自助仓储企业搭建了合作与交流平台，提升行业凝聚力，推动自助仓储健康有序发展。

（五）即时配送：订单增长迅猛，国家首个即时配送文件出台

据全球增长咨询公司弗若斯特沙利文统计，2024年中国即时配送行业订单规模约482.8亿单，同比增长17.6%；2019—2024年均复合增长率达到20.3%，中国即时配送行业保持高速、高质量发展。即时配送业务增量主要来自两个方面：一是品类扩展，包括3C数码、零食饮料、服装鞋帽、家电家具等；二是渠道合作，与连锁超市、便利店、专卖店、品牌店、前置仓等合作，建立多元化的商品渠道。

2024年1月，国务院办公厅发布《国务院办公厅关于促进即时配送行业高质量发展的指导意见》，从增强即时配送行业服务和带动能力、营造良好发展环境、完善即时配送行业管理等不同层面引导和规范即时配送发展。

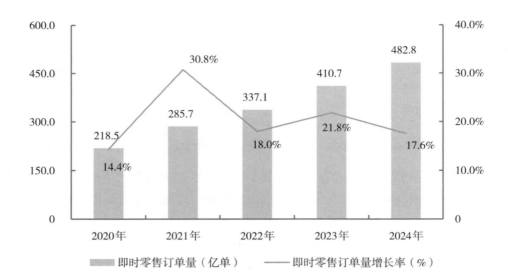

图7　2020—2024年即时零售订单量及增速

数据来源：沙利文。

（六）无人配送：多地开放扩大无人车测试范围，无人机配送成为新赛道

在无人车配送方面：2024年，北京、深圳、雄安、青岛、淄博、鄂尔多斯、合肥、苏州、杭州、南京、湖州、金昌等20多个城市开放路权，开展无人驾驶物流配送示范运营；EMS试点推行"室外无人车+室内机器人"新方案，进一步提高末端配送效率。

在无人机配送方面：近20个省市布局低空经济，相继发布低空经济高质量实施方案或行动计划，将低空经济作为促进消费的新增长点；上海、深圳、雄安、合肥、南宁、金华、杭州、中山、绍兴、珠海、株洲、南京、重庆、武汉、成都、福州、苏州等多地开通无人机配送试运营线路；丰翼、美团、京东等企业已围绕餐饮、医药、应急等多场景需求开展无人机配送常态化运营；国家发展改革委专门成立低空经济发展司，解决低空经济发展过程中面临的实际问题，保障低空经济的健康发展。

（七）逆向仓配：大规模设备更新和消费品以旧换新，促进逆向物流体系搭建

2024年3月，国务院印发《推动大规模设备更新和消费品以旧换新行动方案》，催生了"换新+回收"物流体系和新模式发展。10月，中国资源循环集团有限公司成立，承担打造全国性、功能性资源回收再利用平台的重要任务。

"以旧换新政策驱动+再生资源集团成立"释放了巨大的逆向物流需求，顺丰、京东、菜鸟、中通等物流企业纷纷围绕家用旧物、废弃物、电池等探索发展逆向物流业务，并带动再生资源分拣中心建设、末端回收网点的布局。例如，京东物流在沈阳布局的社区服务站，在向居民提供家电安装、维修、清洗等一系列便民生活服务项目中增加了以旧换新业务。

（八）县域仓配：以客货邮为抓手，整合仓储资源，有望降低末端配送成本

交通运输部、工业和信息化部等9部门发布《关于加快推进农村客货邮融合发展的指导意见》，提出"力争到 2027 年，具备条件的县级行政区实现农村客货邮融合发展全覆盖，全国县乡村三级客货邮站点数量达 10 万个以上，农村客货邮合作线路达 2 万条以上，基本建成'一点多能、一网多用、功能集约、便利高效'的农村运输服务新模式"的发展目标。大连、营口、齐齐哈尔、滁州、漳州、贵阳、西宁、舟山等城市因地制宜发布客货邮政策，以此为抓手，整合县域分散的物流资源，开展仓配设施和服务的共建共享，降低仓配成本。

县域物流供需两端分散、运营成本高等问题，一直是限制其发展的关键因素。客货邮融合发展通过共建县级共同配送中心，推动农村客运、货物运输、邮政快递等数据共享共用，实现统一仓储、统一分拣、统一配送，从供给端不仅解决了客运、货运、邮政快递各自建设物流网络体系、重复建设都"吃不饱"等问题，还解决了县域物流时效慢、收费高等问题。

（九）海外仓：国家持续支持，供需两端共同发力，推动海外仓快速发展

政策端：2024 年 6 月，商务部、国家发展改革委、财政部、交通运输部、中国人民银行、海关总署、税务总局、金融监管总局、国家网信办联合印发《商务部等 9 部门关于拓展跨境电商出口推进海外仓建设的意见》，推动跨境电商海外仓高质量发展，增强跨境电商物流保障能力。12 月，海关总署取消跨境电商出口海外仓企业备案，以减少企业在开展出口海外仓业务时的行政负担和时间成本。

需求端：2024 年，中国企业出海呈现多维度变化，为海外仓发展带来机遇。Temu、SHEIN、TikTok Shop 等中资跨境电商平台销售增长迅猛，商品交易总额已超千亿美元；庭院机器人、AR 智能眼镜、小家电等消费电子销量增长明显；蜜雪冰城、喜茶等新茶饮品牌以及美团、叮咚买菜等生鲜零售品牌在海外布局，带动了跨境冷链需求。

供给端：在设施供给方面，2024 年我国海外仓数量超 2500 个，面积超 3000 万平方米。中远海运、京东、圆通、乐歌、谷仓等虽然纷纷投建新仓，但是海外仓仍供不应求，北美市场甚至出现"当月开仓，当月爆仓"现象。在运营服务方面，海外仓企业逐步延伸末端服务能力。头部企业通过并购整合，打造全链路服务能力；中小企业通过"云仓联盟"，实现资源共享。部分企业创新服务模式，从单一仓储向"通关+物流+金融"综合服务转型，推出"海外仓融资"产品，为卖家提供仓单质押贷款；从标准化向定制化演进，提供"产业带专属仓""危险品专用仓"等细分产品。

（十）技术装备：国内竞争激烈，出海取得一定成效

2024 年，物流技术装备行业的竞争异常激烈，为争取项目、抢占市场份额，许多物流技术装备企业降价竞标，导致行业利润空间大幅缩减。从财务报表来看，物流技术装备企业的总营收虽有所增长，但利润下降明显，甚至亏损。可以看出，我国物流技术装备行业已从供需两旺阶段转入产能过剩阶段。

2024 年也是中国物流技术装备企业出海成绩突出的一年。部分中国物流技术装备企业已经将重点放在发展海外市场上，并在东亚、东南亚、北美、中东、东欧等地区均有落地项目。例如，旷视为韩国乐天国际物流提供存拣一体化方案与柔性物流机器人产品；新松出口百余台移动机器人至欧洲；炬星科技积极扩大日本物流机器人市场。

四、行业发展趋势展望

由于近几年国内外市场环境的变化，仓配行业面临仓库租金下降、空置率增加、服务价格持续压低、异常低价投标等困境。如何破除过去20余年一味追求规模扩张、忽视服务质量的发展惯性，寻找新格局下行业高质量发展路径，是摆在企业面前的重大课题。

2025年及未来一个时期，仓配行业发展的底层逻辑不会变化。对外，不断满足客户需求，提供超预期的服务。仓配企业一般会经历"满足客户需求—满足需求基础上控制成本—深入客户供应链优化解决方案"三个阶段。若要实现可持续发展，必须深度洞察、系统整合客户需求，并在这三个阶段循环迭代服务能力，最终交付超预期的价值。对内，以科技为引擎，驱动效率革命。依托科技创新，重构组织架构，创新运营模式，不断挖掘增长新动能，实现效率提高与成本优化。

基于上述背景，仓配企业可通过以下融合发展方式，寻找发展机会。

（一）业内融合：资源共享，构建一体化生态

仓储企业不再局限于单一货物存储服务，配送企业也不再局限于末端送达，而是分别向上下游延伸，打造涵盖仓储、分拣、包装、运输、配送、售后的一体化服务链条。头部企业通过构建仓配资源共享平台、搭建跨区域跨行业的协同网络，提高资源利用率；中小企业通过合作联盟接入标准化服务体系，实现全流程、全方位的精益管理，从而提高效率、降低成本、保障质量；企业间通过并购、战略合作等，整合资源、优化网络，形成具有规模效应与协同优势的企业集团。

（二）产业融合：深度融入产业发展，打造高效供应链

仓储配送与上下游产业的融合将持续深入推进。与生产制造融合，深度嵌入生产环节，根据生产进度实时配送原材料，降低制造业库存成本，提高生产效率；与商贸流通融合，满足B端多业态、多渠道、多品类融合，以及C端个性化、时效快的仓配需求；与农牧渔业融合，通过冷链仓储配送体系助力农产品上行，减少农产品的损耗，提升农产品的品质与附加值。同时，注重全链条库存管理，强化全链条库存管理能力，助推全产业降本增效。

（三）技术融合：数智化变革，推动行业提质增效

5G、物联网、大数据、人工智能、区块链等技术将在仓储配送领域深度融合应用，全方位提升数字化、智能化水平。在仓储环节，结合物联网技术，通过传感器实时感知货物位置、状态等信息，优化仓储空间利用与货物存储布局；使用物流大模型，实现多货主、多渠道等订单处理自主决策；应用智能仓储机器人，提高自主作业效率。在配送环节，大数据分析结合实时路况、订单信息等，为配送车辆规划最优路径，降低运输成本；无人机配送等技术逐步成熟，并扩大应用范围，提高配送效率与安全性；区块链技术应用于物流信息溯源，保障货物运输过程信息的真实性与不可篡改性，增强供应链各环节的信任。

（四）数实融合：释放数据效能，赋能物流和实体经济发展

2024 年 12 月，我国首家数据科技央企"中国数联物流信息有限公司"成立，反映了物流行业在数字经济时代下的转型升级需求。2025 年 2 月，国家发展改革委、国家数据局、中央网信办、交通运输部、海关总署、国家铁路局、中国民航局、中国国家铁路集团有限公司联合发布《国家发展改革委等部门关于开展物流数据开放互联试点工作的通知》，聚焦物流行业发展突出问题，破除"信息孤岛""数据烟囱"，打通政府部门、相关企业及港口、公路、铁路、航空等业务系统数据，创新物流数据交互模式和解决方案，探索建立公益性和市场化有机结合的多层次物流数据开放互联机制，促进物流资源优化配置，推动有效降低全社会物流成本。物流是实体经济的"筋络"，连接生产与消费、内贸与外贸，其数据价值不仅可以有效降低全社会物流成本，还对掌握产业规模与布局、供需分布与流向等具有重要意义。建立物流数据开放体系，可以更好地赋能实体经济发展。

（五）绿色融合：参与碳交易，探索碳资产新增长极

在"双碳"战略的驱动下，仓配企业积极探索绿色化发展路径。通过建设光伏屋顶、氢能配送中心等自主产能设施，仓配企业在降低碳排放的同时，可将富余的绿电转化，参与 CCER 碳交易，形成"绿色投入—节能减排—额外减排收益—碳资产增值"的商业闭环。随着全国碳市场扩容，仓配企业的碳资产管理能力将成为新的核心竞争力，推动仓配行业从"能耗成本中心"向"生态利润中心"跃迁。

（六）全球融合：坚持开放，拓展全球物流网络

美国关税政策虽对中美贸易产生了负面影响，但坚定了仓配企业加速国际化布局、构建更加开放高效的全球物流体系的决心。国内大型仓配企业通过建设海外仓、投资并购当地物流企业等方式，完善全球物流网络，服务于跨境电商、国际贸易等领域，提升中国商品在全球市场的竞争力。相关行业组织和企业应积极主导或深度参与国际物流标准的制定，深化与国际领先企业的合作交流，引进先进的管理经验与技术，全面提升我国仓储配送行业的国际话语权与核心竞争力，并稳步推进中国物流标准的实施，彰显大国引领力。

中国仓储与配送协会研究室

2024 年城乡配送发展与趋势展望

一、2024 年城乡配送企业发展情况

2024 年，中国仓储与配送协会共同配送分会对部分区域的代表性城乡配送企业（主要包括第三方仓配企业和经销商）进行调研，发现主营业务收入（特别是利润）不乐观、仓库空置率高、低价竞争激烈等问题依然困扰着企业发展。

（一）企业主营业务收入

2024 年，主营业务收入 1 亿元以上的企业占 44%；主营业务收入 5000 万~1 亿元的企业占比 41%；主营业务收入 500 万~5000 万元的企业占比 13%。从利润角度来看，企业的平均毛利率为 7.15%，较上年度下降明显（2023 年平均毛利率为 20%）。

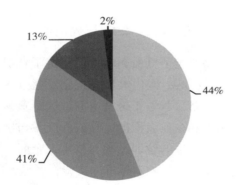

2%
13%
44%
41%

- 主营业务收入 1 亿元以上的企业
- 主营业务收入 5000 万~1 亿元的企业
- 主营业务收入 500 万~5000 万元的企业
- 主营业务收入 500 万元以下的企业

图　2024 年各主营业务收入的企业占比情况

（二）仓库利用率

2024 年，企业的仓库利用率较上年度大幅下降。仓库利用率在 51%~70% 的企业占比 43%，较上年度增长 37 个百分点；仓库利用率在 71%~90% 的企业占比 50%，较上年度增长 3.8 个百分点；仓库利用率在 90% 以上的企业仅占比 0.09%，较上年度下降 42.21 个百分点。

（三）共同配送率

2024 年，企业配送的平均单程满载率和返程空驶率均有所下降。平均单程满载率为 83.8%，较上年度下降 1.2 个百分点。其中，单程满载率达到 90% 以上的企业占比 31.4%；单程满载率达到 70% 以上的企业占比 87%。平均返程空驶率为 88%。其中，返程空驶率 90% 以上的企业占比 65%。

（四）标准化托盘应用

2024 年，企业使用标准托盘占总统计量的 95%，与上年度基本持平。其中，租赁托盘占比 19%，自有托盘占比 81%。

（五）企业信息化情况

2024 年，自主研发系统的企业占比 29%，合作开发系统的企业占比 71%。在信息化建设方面，数据安全、系统升级收费、功能不全等问题仍然普遍存在。大型企业具有较强的资金和技术实力，信息化系统建设较为完善，正逐步实现全流程的数字化管理；中小型企业受资金、技术和人才等因素的限制，信息化水平相对较低，在数据分析、智能决策等方面的应用还较为薄弱。

二、2024 年城乡配送发展特点

（一）国家政策创造良好发展环境，推动县域配送体系日益完善

2024 年中央一号文件明确指出"深入推进县域商业体系建设，健全县乡村物流配送体系，促进农村客货邮融合发展，大力发展共同配送"。2024 年 3 月，《商务部等 9 部门关于推动农村电商高质量发展的实施意见》提出"用 5 年时间打造 1000 个左右县域直播电商基地，直播电商应用水平进一步提升"。这些政策的发布为县域配送体系的持续完善创造了良好环境。

地方政府部门和相关企业积极布局县域物流，以助力乡村发展。陕西省扶风县在原有 16 条配送线路的基础上，增加了 9 条配送线路，覆盖全县 66 个电商快递服务站点，并叠加日用消费品、农资下乡和农产品进城等双向配送服务，集约开展物流统仓共配业务，实现 24 小时直达 7 镇 1 街 116 个村，带动 2024 年县农副产品线上销售额增长 20.2%。顺丰速运结合自有专机、冷链、仓储等资源，不断完善乡镇和村级配送服务网络，目前已将"农产品流通服务网络"延伸至 2800 多个县（市、区），乡镇网络的日处理包裹量达 287 万件，快递服务覆盖 94% 以上的乡镇。

（二）仓配企业内卷严重，向物贸一体化转型

中国仓储与配送协会共同配送分会调查发现，无论是国企、民企中的头部企业，还是区域龙头企业，都普遍存在争夺市场份额和客户资源而展开激烈竞争的现象。2024 年，诋毁友

商、恶意低价竞争等行业内卷现象是企业诉求反映比较突出的问题。面对巨大的市场压力和越来越小的利润空间，仓配企业开始突破传统物流边界，实现价值链升级，向物贸一体化的综合供应链服务商转型。不同的贸易企业和物流企业通过建立战略合作伙伴关系或合作联盟，实现物流贸易的一体化，如陕西嘉品云市电子商务有限公司与山西永恒辉煌物流有限公司共同成立供应链企业，共享物流资源，降低成本，提高市场竞争力。第三方物流企业开始涉足商贸领域，如徐州市库派同程物流有限公司由经销商的统仓共配业务扩展，打造一体化的物流贸易服务平台，向物贸一体化的综合供应链服务商转型。

（三）即时配送再升级，政府出台文件规范行业发展

在政府层面，出台即时配送相关文件，引导和规范即时配送行业发展。2024 年 1 月，国务院办公厅发布《国务院办公厅关于促进即时配送行业高质量发展的指导意见》，从增强即时配送行业服务和带动能力、营造良好发展环境、完善即时配送行业管理等不同层面引导和规范即时配送行业发展。2024 年 12 月，深圳市商务局发布《深圳市推动即时零售高质量发展行动方案（2024—2026 年）》，推动即时零售企业、物流企业加大城市前置仓等"最后一公里"设施建设力度，并明确到 2026 年全市要建设 500 个以上即时零售前置仓。

在企业层面，升级即时零售品牌和服务能力。达达全面融入京东生态，整合原即时零售品牌京东小时达、京东到家，以全新的品牌形象"京东秒送"为消费者提供"好物立享"、最快 9 分钟送达的购物体验，覆盖全国 2300 多个县区市的 60 万家门店，并提供全品类商品。达达快送更名为"达达秒送"，2024 年实现收入 58.05 亿元，同比增长 44.6%。顺丰同城与抖音、阿里巴巴、微信、小米等平台达成全生态合作，提供直播电商、私域电商、门店外送等灵活运力承接，同时提供"仓储+转运+同城即时配送"的一体化供应链解决方案，助力品牌加码即时零售赛道，尤其是在大促期间，切实贯彻"购物再简单、体验再升级"的理念。

（四）多地布局低空经济，无人机配送成为新增长点

2024 年，北京市、天津市、河南省、湖北省、江西省、海南省等近 20 个省市布局低空经济，相继发布低空经济高质量实施方案或行动计划，并将低空经济作为促进消费的新增长点，同时为无人机配送带来机遇。2024 年 12 月，国家发展改革委专门成立低空经济发展司，统筹低空经济的发展，解决低空经济发展过程中面临的实际问题（包括空域管理、安全监管、技术标准等），规范行业发展秩序，保障低空经济的健康、有序发展。

昆明市在滇中新区、呈贡区等区域已将无人机应用于物流配送（如园博花鸟市场外卖配送等）、医疗物资转运（如昆明市儿童医院院区间 8 分钟送达等）、景区低空旅游（如滇池、石林景区无人机编队表演等）等领域；美团无人机在深圳市常态化运营，截止到 2024 年底，累计完成配送订单超 25 万单，10 分钟内可送达外卖；中通快递在浙江省、江苏省部分县域实现无人机常态化配送，山区物流成本降低 50%。

（五）新能源汽车在城市配送领域的保险问题突出

根据中国仓储与配送协会共同配送分会对新能源汽车城市配送使用情况的调查，保险问题已成为阻碍新能源汽车在城市配送领域推广应用的关键问题。许多保险公司对新能源配送

车辆设置了严苛的投保条件，导致大量车辆被拒保或仅提供有限的保险额度与险种选择。部分小型新能源配送车辆因车型较新、风险评估数据不足，被保险公司直接拒之门外。根据调研，某些城市虽能承保，但相较于传统燃油配送车辆，新能源配送车辆的保险费用要高出30%～200%。

三、2025 年城乡配送趋势展望

（一）冷链配送、即时零售加快脚步进农村

国家统计局数据显示，2024 年全国乡村消费品零售额为 65531 亿元，同比增长 4.3%。商务大数据显示，2024 年全国农村网络零售额同比增长 6.4%，农产品网络零售额同比增长 15.8%。2025 年中央一号文件部署了推动冷链配送和即时零售向乡镇延伸、推动农村消费品以旧换新等举措，进一步促进农村消费，助力农村配送物流等基础设施升级提质，2025 年冷链配送、即时零售将加快脚步进农村。

（二）仓配企业加大力度布局海外市场

国内市场竞争逐渐白热化，已从产品竞争转向全方位竞争，导致利润增长困难。在跨境电商发展、企业加速"出海"等趋势下，物流企业的拓展策略正在发生改变。百世集团在东南亚市场通过仓配一体化服务，帮助中国品牌应对旺季高峰单量。百世集团在泰国建设了 1 万平方米的自营高标准仓库，覆盖泰国 77 个府的 4 个转运中心。菜鸟在 2024 年进一步强化全球物流网络，覆盖 200 多个国家，并与长虹美菱、荣事达、比亚迪等品牌合作，提供 5～10 日达的跨境配送服务。2025 年，随着"不出海就出局"成为行业共识，企业出海战略持续深化。不但京东等头部企业要加大力度布局海外市场，一些中小仓配企业也要"跟着中国企业走出去"，为企业出海提供助力的同时，实现自身业务的拓展。

（三）仓配模式创新仍是行业发展的重要驱动力

2024 年 11 月，商务部等 7 部门办公厅印发《零售业创新提升工程实施方案》，强调要推动多元化创新；支持到店与到家协同发展，推广线上线下融合的即时零售（"平台下单+就近配送""门店下单+即时配送"），探索"店仓一体""预售+集采集配"等新模式；支持全供应链共管共享库存，推广集采集配、统仓统配、供应商直配、自动补货等模式。同月，交通运输部、国家发展改革委印发《交通物流降本提质增效行动计划》，提出加快建设国家综合立体交通网、推进交通物流与产业融合发展等 18 项具体举措，更好地服务经济社会高质量发展。

中国仓储与配送协会共同配送分会

2024 年危险化学品包装件仓储发展现状与 2025 年展望

一、2024 年危险化学品仓储发展状况

（一）企业数量与区域分布

截至 2024 年底，全国持有危险化学品经营许可证（仓储经营）及港口经营许可证的第三方包装件仓储企业为 100 余家（集团公司下所有分公司、子公司按一家计算），运营库区超 1200 个，与 2023 年基本持平。

危险化学品仓储企业布局与产业集群息息相关。在长三角地区，聚集了全国 40% 的化工产能，上海市、苏州市、南通市形成"仓储+港口+制造"闭环，如苏州工业园危险化学品仓储企业为欧莱雅、立邦等提供"原料仓储+分装+配送"服务。在珠三角地区，电子信息、新能源等产业带动高附加值危险化学品仓储需求，如深圳市某仓储企业为华为、中芯国际提供光刻胶保税仓储服务。上海港、宁波港、广州港等依托港口优势，危险化学品吞吐量占全国的 65%，周边仓储企业受益于"港仓联动"模式，发展速度加快，如宁波港配套仓储企业通过海铁联运辐射浙江省、江西省等地。

总体而言，我国危险化学品包装件仓储领域呈现"东密西疏"格局，长三角、珠三角地区凭借产业集群与政策优势占据主导地位，中西部地区承接产业转移的进程不断加速。

表　危险化学品仓储企业分布情况

布局区域	占比	布局特点
上海市、江苏省	64%	核心地位显著，依托上海化学工业区（如外高桥、漕泾等），聚集巴斯夫、3M 等企业，仓储需求以甲类、乙类防火等级的危险化学品仓库为主
粤港澳大湾区	17%	深圳市、惠州市等地新能源、电子化学品产业发展迅速
其他地区	19%	重庆市、武汉市等地依托长江经济带；山东省、浙江省等化工大省需求稳定，其中烟台市、宁波市等地的仓储企业服务本地炼化项目，带动周边仓储需求

（二）设施规模与结构

截至 2024 年底，我国第三方危险化学品包装件仓库总面积约 130 万平方米，与 2023 年

持平。其中，甲类防火等级的仓库占21%、乙类防火等级的仓库占35%、丙类防火等级的仓库占44%，各类仓库所占比例与2023年基本一致。

上海市危险化学品仓库规模约占全国的35%，其中上海化学工业区是全国最大的甲类防火等级仓库集群，吸引了众多头部危险化学品仓储企业在此布局，甲类防火等级的危险化学品仓库仍供不应求。江苏省危险化学品仓库规模约占全国的25%，依托沿江化工园区布局。粤港澳大湾区危险化学品仓库规模约占全国的20%，受益于新能源（锂电池）、电子化学品（光刻胶）产业发展迅速，深圳市、惠州市等地的仓储需求增速明显。其他地区危险化学品仓库规模约占全国的20%，其中中西部地区承接产业转移，其他分散布局在重庆市、湖北省等地；山东省、浙江省等地稳中有升。

（三）租金与空置率

2024年，全国危险化学品甲类防火等级的仓库租金为120~280元／（平方米·月），乙类防火等级的仓库租金为100~180元／（平方米·月），丙类防火等级的仓库租金为50~120元／（平方米·月），整体稳中有降。核心区域的危险化学品仓库空置率低于5%，非核心区域的危险化学品仓库空置率上升至15%~20%。

（四）营收与利润状况

2024年，我国第三方危险化学品包装件仓储领域整体营收同比下降8%~10%，主要受上游化工行业需求收缩及进出口量减少的影响。据中国仓储与配送协会危险品分会调查，60%的企业营收负增长，仅有20%的企业实现营收正增长；企业毛利率为7%~9%，净利润率压缩至3%~5%。

从业务类型来看，单一租金依赖型企业的毛利率仅5%左右；综合服务商凭借一体化服务，毛利率显著高于平均水平，维持在12%~15%。头部企业凭借"仓储+运输+贸易"一体化服务，收入与毛利率的韧性更强。

从区域分布来看，上海市、江苏省等长三角地区企业由于高附加值客户集中，营收降幅较小；粤港澳大湾区受益于新能源、半导体产业的需求，营收增速有所提高；张家港等地因传统化工品需求疲软，且竞争激烈，导致企业营收降幅达15%以上。

总体而言，中国危险化学品包装件仓储领域呈现"强者恒强"格局，头部企业通过综合服务能力与成本控制实现小幅增长，而中小企业需要通过技术升级、服务转型及政策红利来应对成本压力，企业应该把握新能源、半导体等高增长赛道机遇。

二、2024年危险化学品仓库发展特点

（一）需求结构分化越发明显

2024年，全球经济增长放缓，导致出口订单量减少，同时国内化工产业开始调整。据中国仓储与配送协会危险品分会调查，2024年传统化工品仓储需求同比下降8%~10%，导致危险化学品包装件仓库整体需求下降5%~7%。例如，张家港某仓储企业因PTA、乙二醇等产

品需求疲软，其危险化学品仓库空置率从 2023 年的 8%升至 18%，租金下降 15%。但值得注意的是，锂电池材料、光刻胶、湿电子化学品、生物制药等高附加值、新兴领域危险化学品仓储需求上升明显。

（二）综合服务商逐渐崛起

由于业务模式单一，仅提供仓储服务的企业抗风险能力弱。2024 年中国仓储与配送协会数据显示，仅提供仓储服务的企业中，超 30%出现亏损，平均毛利率从 2023 年的 12%降至 5%。例如，江苏省某仓储企业因缺乏增值服务，营收同比下降 20%，净利润亏损 500 万元。密尔克卫等头部企业通过打造"仓储+供应链金融+电商"一体化服务模式，实现营收增长。公开数据显示，2024 年密尔克卫营收为 172.5 亿元，同比增长 18%；归母净利润为 8.8 亿元，同比增长 28%；化工品交易收入占比达 34.8%，通过为客户提供平台采购服务，带动仓储需求增长 12%。

（三）"退城入园"加速

2017 年 9 月，国务院办公厅发布了《国务院办公厅关于推进城镇人口密集区危险化学品生产企业搬迁改造的指导意见》（国办发〔2017〕77 号），明确要求"到 2025 年，城镇人口密集区现有不符合安全和卫生防护距离要求的危险化学品生产企业就地改造达标、搬迁进入规范化工园区或关闭退出，企业安全和环境风险大幅降低"。这一政策推动了危险化学品企业向合规化工园区集中，如江苏省如东县洋口化学工业园、张家港保税区等实现"仓储+分装+配送"一体化，提高安全管理和资源利用效率。同时，倒逼企业加大安全投入力度，配备智能监测、应急处置等设施，降低事故风险。

三、2025 年危险化学品发展展望

（一）需求短期承压，长期结构优化

2025 年是危险化学品包装件仓储转型阵痛期，短期需求下滑与新兴领域增长并存。

从短期来看，2025 年行业整体营收预计同比下滑 15%~20%，但新能源、半导体产业的仓储需求增速有望超过 20%，成为支撑行业发展的新增长点。从长期来看，化工行业"减量化、绿色化、高端化"转型，将是推动高附加值危险化学品仓储发展的主要驱动力量，同时将优化仓储需求结构。企业需要通过技术升级与业务布局，以应对短期挑战，并把握长期机遇。

（二）信息化与绿色化升级

信息化与绿色化升级是危险化学品包装件仓储领域的核心发展方向。动态出入库管理系统、AI 算法预警等技术推动效率革命，新能源叉车与光伏储能设施的普及实现绿色转型。企业需要抓住政策红利，加速技术创新，以应对行业整合与可持续发展的双重挑战。上海市试点动态出入库管理系统，中国仓储与配送协会危险品分会推广危险化学品仓库的免费仓储软件（具备订单管理、库存预警等功能），这些举措使中小企业数字化门槛降低 60%。预计 2025 年智能化仓储覆盖率将突破 35%，事故响应效率提高 30% 以上。

（三）行业整合与国际布局

行业整合与国际布局是危险化学品仓储企业的双重战略选择。头部企业通过并购提升集中度，形成规模优势；同时，拓展海外市场，服务中国化工企业全球化。国内并购将会更加频繁，已经有多宗并购交易进入实质性洽谈阶段。从国际布局来看，密尔克卫计划在东南亚地区收购或新建危险化学品仓库，服务中石化、万华化学的海外工厂，通过国内仓储网络积累的客户资源，快速切入东南亚市场，实现"国内仓储+海外分拨"一体化服务，提升客户黏性。

从长期来看，在政策引导下，行业将朝安全化、集约化、智能化方向转型升级，具备资源整合能力及技术优势的企业有望进一步突围。

中国仓储与配送协会危险品分会

2024 年金融仓储发展回顾
与趋势展望

存货与仓单是中小企业融资的主要担保品之一，但担保存货管理与存货（仓单）融资服务体系还不成熟。自 2012 年起，中国仓储与配送协会联合相关行业组织，持续推动担保存货的规范化管理与存货（仓单）融资服务体系建设。虽然取得了阶段性成果，但目前仍然存在一些问题，需要政府部门统筹协调，并凝聚各方力量共同推动解决。

一、金融仓储发展回顾

（一）金融仓储发展阶段

在过去 20 年里，金融仓储的发展经历了以下四个阶段。

第一个阶段（1999—2007 年）：尝试与探索阶段。这一阶段的主要标志是南储仓储管理集团有限公司、中国物资储运集团有限公司、中国外运股份有限公司等大型国有仓储企业逐步开展存货融资监管业务，主要是依托仓储企业自有仓库提供监管服务。随后，越来越多的大中型仓储企业开始涉足这项业务。这一阶段的主要问题是缺乏明确的存货验收标准（是对存货进行外观验收，还是对存货的内在质量与包装件内的物品数量进行验收），产生了大量的经济纠纷。

第二个阶段（2008—2012 年）：快速发展阶段。这一阶段的主要标志是由仓储企业在自有仓库管理存货转变为派遣人员到借款人仓库进行存货监管与监控。这是一个重大的变化。对中小企业而言，扩大了可融资的存货范围，即在生产过程中的存货资产也可作为融资担保品，提升了中小企业可融资的资产比例，为中小企业解决了融资难题。随着业务规模的快速发展，催生了仓储的新经营业态——金融仓储，同时也产生了一批专业的担保存货管理企业。

第三个阶段（2013—2020 年）：调整与规范发展阶段。受"上海钢贸案"与"青岛有色金属事件"的负面影响，大型金融机构与金融仓储企业都削减了金融仓储业务。为促进金融仓储规范、健康发展，中国仓储与配送协会在商务部办公厅、中国银行业协会的书面支持下，成立了金融仓储分会，组织制定《担保存货第三方管理规范》《仓单要素与格式要求》两项国家标准，并针对存货管理企业开展"担保存货管理资质企业"标准化评价。中国人民银行征信中心建设动产融资统一登记公示系统，为存货（仓单）融资业务提供担保物权登记服务。这些举措为金融机构、金融仓储企业开展相关业务提供了参考和依据。

第四个阶段（2021 年至今）：多模式创新发展阶段。这一阶段的发展特点是政府部门持续加大政策支持力度，相关行业组织联手建设仓单信息公示平台，科技赋能成为市场发展的重要驱动力。金融仓储相关主体基于自身业务特点，深入产业，不断创新发展。除了传统的存货监管、存货监控服务，部分仓储企业还提供基于仓储保管的仓单出具服务；越来越多的技术企业建设运营平台，深入特定产业，提供金融支持服务；部分供应链服务企业，从使用自有资金为企业提供供应链服务，调整为使用银行机构资金为企业提供供应链服务；多地政府为支持本地实体经济发展，建设了特色产业园区，并由地方国企为园区入驻企业提供供应链运营服务，引入金融机构合作，为园区企业提供存货（仓单）融资等金融服务。

（二）金融仓储支持政策演变

为了促进实体经济的发展，国务院持续发布若干文件，明确支持存货（仓单）融资。10多年来，金融仓储相关政策在支持模式、支持范围、支持方式、支持力度等方面都发生了较大变化。

在支持模式方面，从强调核心企业作用到脱核供应链金融模式。2017年10月，国务院办公厅发布《国务院办公厅关于积极推进供应链创新与应用的指导意见》（国办发〔2017〕84号），鼓励供应链核心企业发展供应链金融模式。2023年11月，中国人民银行、金融监管总局等八部委联合发布《中国人民银行 金融监管总局 中国证监会 国家外汇局 国家发展改革委 工业和信息化部 财政部 全国工商联关于强化金融支持举措 助力民营经济发展壮大的通知》（银发〔2023〕233号），多部门首次联合提出脱核供应链金融的概念，并鼓励银行业金融机构要积极探索供应链脱核模式。

在支持范围方面，支持标准化、格式化现货电子仓单。在金融体系中，曾一度认为只有期货交易所体系内的仓单是"标准仓单"，而现货仓单属于"非标仓单"。2022年9月，中国银保监会、中国人民银行联合印发《中国银保监会 中国人民银行关于推动动产和权利融资业务健康发展的指导意见》（银保监发〔2022〕29号），支持银行机构接受监管方签发的标准化、格式化电子仓单。这意味着仓储企业出具的标准化、格式化电子仓单是可以进行融资的"担保品"，而不再是银行机构的"风险敞口"资产，为银行机构开展电子仓单融资业务奠定了基础。

在支持方式方面，明确金融机构应规范与第三方监管公司的合作机制。长期以来，我国对监管公司（担保存货管理企业）缺乏相应的监管制度，既没有建立相应的牌照许可制度，也缺乏备案管理制度。《中国银保监会 中国人民银行关于推动动产和权利融资业务健康发展的指导意见》（银保监发〔2022〕29号）明确指出，对于合作监管方，应评估其监管能力和赔偿能力，明确准入条件，实行名单制或分级管理。

在支持力度方面，进一步强化存货（仓单）融资的价值。2020年3月，国务院常务会议提出"支持企业以应收账款、仓单和存货质押等进行融资"，这是国务院常务会议首次将存货、仓单与应收账款并列。此后，国家在出台支持实体经济发展的政策中，都提出支持以存货（仓单）进行融资。

（三）金融仓储知识体系构建

经过10多年的发展，金融仓储知识体系已经初步形成，主要包括以下三个方面：一是明确了"担保存货管理""仓单""电子仓单"等概念；二是明确了金融仓储的两轨制与三种模式，即三方协议项下的存货（仓单）融资与全国性可流转仓单体系内的仓单融资两大业务模式，三方协议项下的担保存货管理又分为监管（CMA）与监控（SMA）两种管理方式；三是明确担保存货管理的基本规则，包括担保存货管理企业不能提供贷款的担保服务或第三方保证服务等内容。

（四）金融仓储标准体系初步形成

自 2012 年以来，在商务部、国家金融监督管理总局、中国人民银行、最高人民法院等部门的指导下，中国仓储与配送协会会同中国银行业协会、中国中小企业协会、中国物资储运协会，已共同组织制定《仓单要素与格式要求》《担保存货第三方管理规范》两项国家标准与《全国性可流转仓单体系运营管理规范》系列团体标准。这三项标准明确了"仓单"的概念，并规定了其必备要素与可选要素；规定了仓单登记平台、仓单出具人、存货人、仓单持有人、仓单运营平台等主体应当具备的条件、承担的责任以及仓单运营的流程与操作规范等。这三项标准从行业层面出发，在运行机制上解决了仓单运营中的责任与风险问题，构建了金融仓储基本标准体系。

（五）金融仓储登记公示类基础设施逐步完善

在金融仓储领域，为了建立市场参与主体对仓单交易和融资业务的信心，需要构建两类登记公示系统：动产融资统一登记公示系统和仓单信息公示系统。2007 年，中国人民银行征信中心开始建设动产融资统一登记公示系统；2014 年，该登记公示系统上线存货（仓单）融资登记业务；2021 年，在国务院的授权下，该登记公示系统提供全国动产和权利担保的统一登记和查询服务。为满足市场需求，在我国尚未建立国家级统一仓单信息公示系统的情况下，相关行业协会与地方国资平台共同发起建设"仓单信息公示系统"，通过登记仓库、货权和仓单，再结合全流程货权管理，帮助金融机构有效控制货物和保障权益，解决确权难、控货难、监管难等一系列问题，实现仓单信息公示。

（六）金融仓储自律与生态体系初步形成

一是成立专业分会。在商务部办公厅、中国银行业协会的书面支持下，中国仓储与配送协会于 2014 年正式组建了金融仓储分会，以行业自律推动行业规范化发展。

二是开展标准化咨询与评价。行业组织通过制定与宣贯标准，开展标准化咨询与"担保存货管理资质企业"评价，培植了一大批规范化运营的担保存货管理企业、数字化仓库与电子仓单运营平台企业。

三是建立仓储融资服务生态体系。相关行业组织联手建设仓储融资服务生态体系，该体系由各类仓储物流企业及其仓库、存货管理企业、技术企业、供应链企业、支持性服务机构与金融机构等组成。

四是编制各品类生态图谱。相关行业组织联手不同品类、具有产业链服务能力的平台企业，共同编制各品类生态图谱，并形成闭环融资结构。目前，已经在玉米、酱酒、冻品等领域实现融资支持和产业发展。

二、2024 年金融仓储总体情况

（一）业务规模

中国仓储与配送协会金融仓储分会对会员及重点企业的调查统计结果显示，2024 年企业管理担保存货的年平均贷款金额为 22.49 亿元，同比增长 4.31%。企业平均监管点与监控点的数量（以独立库区为单位）为 137 个。其中，监管点与监控点的占比分别为 44.2%、55.8%。企业平均服务的借款人数量为 118 个，同比增长 3.5%。

图 金融仓储企业管理担保存货的年平均贷款金额及增长比例

（二）服务对象

2024 年，金融仓储企业的服务对象仍以银行业金融机构为主，占比达到 90.31%，同比下降 2.56%；保险、保理、贸易公司、供应链公司、资产管理公司等非银行金融机构占比达到 9.69%。在金融机构中，农村信用社、农村商业银行、村镇银行的存货融资项目数量最多，占比为 62.35%。

表　2024 年金融仓储企业服务信贷机构的存货融资项目数量占比（%）

信贷机构 年份	大型国有控股 商业银行	全国股份制 商业银行	城市商业银行	政策性银行	农村信用社、 农村商业银行、 村镇银行	非银行 金融机构
2024 年	8.23	9.25	9.35	1.13	62.35	9.69
2023 年	9.01	8.12	14.86	1.73	59.15	7.13
2022 年	8.46	9.84	15.45	1.17	51.38	13.70

（三）金融仓储企业服务能力、范围（品类、产品、区域）

2024 年，金融仓储企业管理的品类涉及化工类、橡胶和塑料制品类、金属制品类、纺织品类、汽车类、专用设备制造类、矿产品、快消品、冻品、农产品、活畜、酒类等；提供的服务项目按业务优先级排序，依次为"担保存货监管/监控""担保存货发现""担保存货评估及盯市"；服务的区域以省内为主，占比达 86%。

（四）金融仓储企业信息化情况

2024 年，金融仓储企业使用的管理系统，包括担保存货管理系统、仓储管理系统（WMS）和电子仓单运营系统等。其中，担保存货管理系统占比达 57%，仓储管理系统占比达 36%，电子仓单运营系统占比达 14%。与 2023 年相比，有 20% 的企业不再使用担保存货管理系统，改为自行开发信息管理系统，如银行融资应用系统、客户大数据分析系统、客户征信画像管理系统、四重维度的可视化监控与红外报警集成系统等。在物联网设备的应用方面，各类设备的使用占比依次为自动采集实时监控设备、自动识别人员闯入及报警设备、出入库信息采集设备、自动采集存货重量的设备、自动采集存货数量的设备、自动采集存货位置的设备等。

（五）金融仓储企业面临的风险情况

2024 年，在金融仓储企业经营过程中，面临的主要风险包括重复质押风险、法律合规风险和监管人员操作风险等。

三、2024 年金融仓储发展特点

（一）政策环境持续优化

2024 年，国家发展改革委、财政部、税务总局、国家金融监督管理总局、工业和信息化部、中国人民银行、中国证监会、农业农村部、商务部、国家外汇局、国务院办公厅、交通运输部、国家数据局等 13 个部门出台了多项政策支持存货（仓单）融资的发展。这些政策主要呈现出以下六个特点。一是支持对各类所有制企业的金融支持。政策聚焦普惠金融服务，鼓励开发符合小微企业和个体工商户需求的金融产品和服务，鼓励服务乡村全面振兴，强化对农业产业的融资支持。二是深入产业、服务产业升级。银行机构应优化金融资源配置，推进产业链高质量发展，提供专业化金融服务。三是提升数字化与智能化价值。更加注重数字化和智能化技术的应用，鼓励银行机构依托核心企业的信息流、资金流、物流、商流"四流合一"优势，开发体系化、全场景的数字供应链金融产品。四是强调货物权属。利用区块链和物联网技术，提升仓单融资的透明度和安全性，鼓励以区块链和物联网设备为基础，形成存货质押监管技术统一标准，确保货物权属转移记录等信息的有效性。五是持续强化风险管理。更加注重存货（仓单）融资的风险管理，强调建立健全存货（仓单）融资的监管机制，在风险可控的前提下，支持金融机构开展仓单质押融资业务，并加强监管，确保业务合规。

六是支持跨境仓单融资。推动国际贸易和跨境仓单融资业务的发展，支持在综合保税区开展仓单质押融资等业务，推动跨境融资便利化。

（二）商业银行加速开展数字化存货、电子仓单融资业务

商业银行正在加速开展以物流仓储为支点的数字化存货与电子仓单融资业务。例如，中国建设银行股份有限公司深圳市分行依托中仓登数据服务有限公司在存货资产数字化领域的规制建设经验和货权确权基础设施功能，创新构建存货资产数字化的可行路径，首先提高存量货押业务的风控水平，其次提前规划建设标准化的动产押品管理体系，最后形成数字信用，实现仓储融资提质上量；武汉众邦银行股份有限公司深耕纺织行业供应链生态链，运用数字化技术进行赋能，并通过华纺链平台整合、链接生态链上下游各角色的交易信息流、商流及物流信息，为华纺链平台上的存货人提供基于"货变仓单"的便捷线上金融服务产品，实现高效、低成本的融资支持；福建海峡银行股份有限公司基于本地产业特色，整合冷库企业、借款企业等多方资源，在现有的法律框架下，采用"仓单让与担保"模式，创新推出"水产冻品仓单贷"，开拓存货融资"新蓝海"；盛京银行股份有限公司上海分行深入产业，积极打造存货类供应链金融产品"云仓贷"，该产品以"物的信用"为主体增信方式，建立仓储准入与评价体系，并选择与仓储企业合作，接受仓储企业在 WMS 仓储管理系统出具的"电子仓单"。

（三）担保存货管理企业提供更加多样化服务

2024 年，担保存货管理在服务实体经济、支持中小微企业融资等方面发挥了重要作用，呈现出多模式规范发展的趋势。例如，浙江长运安信仓储服务有限公司创新存货管理服务模式，通过专业化服务，将轮胎生产、销售、原料供应企业融合到供应链生态体系中，实现多方数据共享和业务闭环，满足各方的资金和运营需求，提高供应链效率和稳定性，有效降低融资风险；湖北谊嘉金融仓储有限公司在产业园区内，积极探索担保存货监控（SMA）模式，依据国家标准《担保存货第三方管理规范》，与多家借款人、银行签署规范的 SMA 协议，为金融机构提供现场出入库数据的收集、核实、定期反馈，设立担保存货管理标识，对存货的周转和企业运营进行跟踪与报道等工作，维护质权人的权益，降低企业融资风险，提高融资效率；首农（天津）供应链管理有限公司的供应链数字化一站式服务项目以"自有仓库+'链捷贷'信息系统平台"为基础，为借款人提供冻品仓储服务，通过可视化技术实现信息流、货物流、资金流的实时监控，提高企业融资的获得性和信贷机构资金的安全性。这些担保存货管理企业不断扩大服务范围，不仅可以为信贷机构提供服务，还可以为资产管理公司、供应链公司、贸易公司、生产企业等提供监控服务；不仅可以支持融资业务，还可以介入供应链链条，对存货（普通存货和担保存货）的转移、交付、存储等环节进行核实和报告。

（四）仓储企业扩大服务范围，增加金融仓储业务

当前，仓储企业普遍面临较高空置率带来的压力，因而需要提升服务水平，以满足客户需求，增加客户黏性。管理存货是仓储企业的基本功能，而监管（监控）担保存货、出具仓单并管理仓单项下存货，则是在现代经济环境下仓储企业的增值服务功能。以天津冷冻库为例，在行业整体空置率较高的情况下，首农（天津）供应链管理有限公司和泰达行（天津）冷链物流有限公司提供存货监管（监控）和电子仓单出具等服务，其冷库出租率达到 90% 以上。四川省彭州市年产蔬菜等农产品 230 余万吨，具有集中上市、集中收储的特点，因此产生了大量收购的资金需求。当地拥有 300 余个冷藏保鲜库，原本的仓储服务费为 50 元/（吨·月），空置率为 10.92%；在提供金融仓储服务后，仓储服务费增长了 24%，提升至 62 元/（吨·月），空置率降至 5.52%。

（五）地方政府服务实体经济，支持存货（仓单）融资业务

全国有多个省市在制定其金融、商贸、市场建设的相关政策时，将存货（仓单）融资业务及其应用场景纳入重点考量范围。多地政府为支持本地实体经济的发展，围绕本地特色产业，开展企业融资支持服务。例如，四川享宇科技有限公司在彭州市金融监管支局、彭州市国资金融局和彭州市农业农村局的指导下，打造"数字仓融通"平台，为耐储农产品提供仓单质押融资解决方案。该项目聚焦农产品仓单质押的痛点，创新价格评估、金融仓储服务、保险等机制，通过信息化系统整合经纪人、银行、保险公司、担保公司、仓储公司、货主等多方资源，实现相关机制及多主体协作功能，有效探索出一条农产品融资的解决之路。冠县冠州陆港供应链有限公司申报的"冠之链"供应链金融服务平台，以本地产业为基础，通过"冠之链"供应链金融服务平台，整合园区内公共仓和企业厂库资源，以及与货权、过程管理等有关信息，让货物"看得见、摸得着、控得住"，为本地产业集群提供融资支持服务，提升产业集群中小企业获得贷款的可能性。

四、金融仓储发展趋势展望

未来，金融仓储在政策支持、技术驱动、服务模式变革及国际化布局等因素的推动下，将实现多维度的创新发展与升级，具体呈现出以下发展趋势。

（一）存货（仓单）融资激活农村资产价值、提升农村经济活力

中央一号文件明确推广畜禽活体抵押贷款，多地探索农产品仓单质押实践。技术赋能加速推动"数据信用"替代传统主体信用，支持农村可融资资产类型不断拓展，农产品仓单覆盖范围延伸至林果、水产、畜禽活体、农产品等多元领域。产业协同效应凸显，通过支持农业产业链上下游企业，促进农村一二三产业融合发展。未来，存货（仓单）融资将成为激活农村资产价值、推动农业现代化和提升农村经济活力的重要工具。

（二）电子仓单融资业务占比提升

金融监管部门出台的支持政策，促使现货仓单业务再次得到金融机构的关注。特别是信息技术的应用，可支持存货到电子仓单的转化，具有高效、便捷、安全等优点，能够降低质押物的监管成本和融资风险，得到商业银行的青睐。对于货主而言，电子仓单融资不仅能够提高融资效率，还能增强存货的流动性和变现能力。

（三）平台型金融仓储企业影响权重增加

平台型金融仓储企业正逐渐成为推动行业发展的重要力量。平台型金融仓储企业通过建设信息平台，能够有效连接中小企业、金融机构和仓储企业等多方市场参与者，并整合供应链上下游资源，实现资金流、物流、商流、信息流的高效协同，不仅提高整个供应链的运作效率和资金使用效率，还有助于拓宽金融仓储服务的覆盖范围。

（四）深化技术创新与数字化转型

随着物联网、区块链等新一代信息技术在仓储领域的深度应用，能够实现对存货的实时监控与数据采集。这些技术不仅提高了仓储管理效率，还确保融资信息的透明化和不可篡改性，保障了存货的安全性和可控性。通过这些技术采集的信息，可以辅助金融机构设计贷款产品，降低融资风险。

（五）服务模式多元化与生态化

金融仓储企业将深度融入供应链上下游。在服务对象上，既可服务金融机构，也可服务供应链、贸易、生产等企业；在服务内容上，既可提供担保存货管理、存货监管、仓单出具，也可提供担保存货发现、评估与盯市等服务；在融资担保物上，既可提供在库管理，也可提供在途管理等服务；在服务模式上，既可提供仓储管理服务，也可提供融资支持服务。

中国仓储与配送协会金融仓储分会

2024 年通用仓库和冷库市场
发展与展望

物联云仓平台掌握的数据①显示，2024 年我国仓库总建筑面积达 10.03 亿平方米。通用仓库②面积为 96817.5 万平方米。其中，高标库面积为 16934.7 万平方米，占比 17.49%；非高标库面积为 79882.8 万平方米，占比为 82.51%。冷库③容积为 15245.2 万立方米（面积约为 3535.5 万平方米）。

一、2024 年仓储设施发展情况

（一）仓储资源分布

2024 年，仓储资源存量排名依次为东部地区、中部地区、西部地区、东北地区；新增供应面积排名依次为东部地区、中部地区、西部地区、东北地区。

表 1　2024 年全国仓储资源存量面积

地区	通用仓库（万平方米）	冷库（万立方米）
东北地区	5731.1	862.7
东部地区	56250.1	8537.2
中部地区	21926.1	3146.4
西部地区	12910.2	2698.9

数据来源：物联云仓数字研究院。

① 物联云仓平台数据来源：仓储资源数据经过仓储设施业主平台上传、平台线上审核、城市经理现场核验等流程，确保数据的真实性、可靠性。

② 通用仓库：亦称"普通仓库"，指除冷藏冷冻物品、危险化学品等具有特殊要求的物品外，能够满足一般储存要求的仓库。

③ 冷库：采用人工制冷降温并具有保冷功能的仓储建筑群，包括制冷机房、变配电间等。

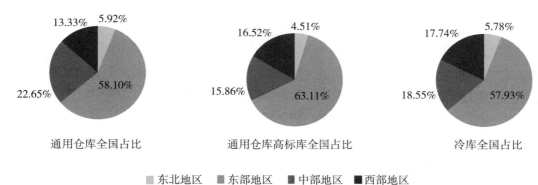

图 1 2024 年全国仓储资源存量分布情况

数据来源：物联云仓数字研究院。

表 2 2024 年全国仓储资源新增供应面积

地区	通用仓库（万平方米）	冷库（万立方米）
东北地区	10.3	—
东部地区	1024.1	383.9
中部地区	238.0	249.7
西部地区	176.2	143.6

数据来源：物联云仓数字研究院。

1. 东北地区

2024 年，东北地区仓储资源基本进入稳定状态，全年几乎没有新增供应入市。

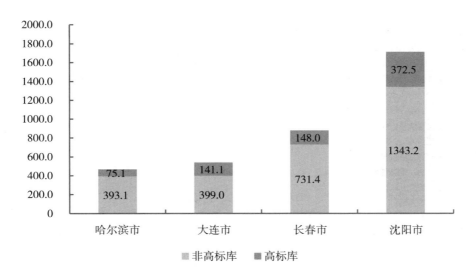

图 2 2024 年东北地区重点城市通用仓库面积情况（单位：万平方米）

数据来源：物联云仓数字研究院。

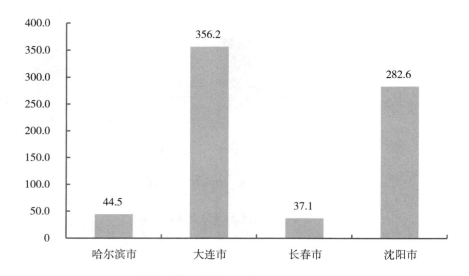

图 3　2024 年东北地区重点城市冷库容积情况（单位：万立方米）

数据来源：物联云仓数字研究院。

2. 东部地区

2024 年，东部地区通用仓库主要分布在上海、苏州、广州等城市；冷库主要分布在上海、广州、天津等城市。

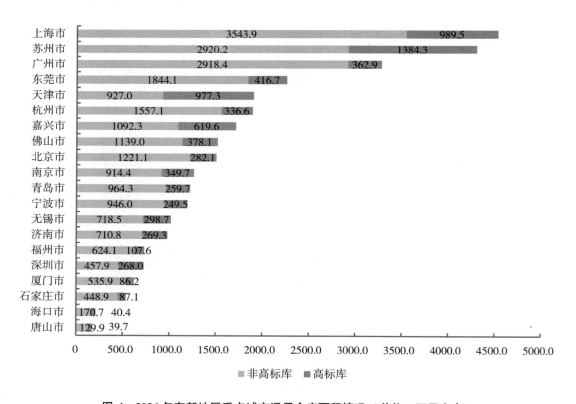

图 4　2024 年东部地区重点城市通用仓库面积情况（单位：万平方米）

数据来源：物联云仓数字研究院。

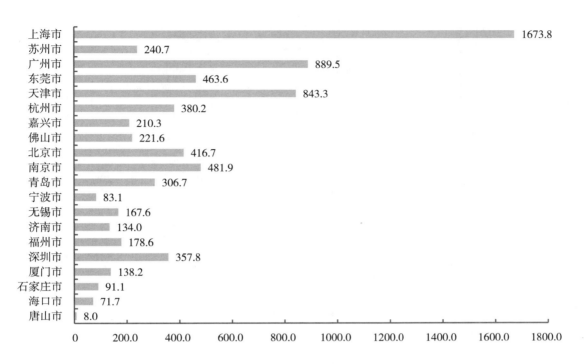

图 5　2024 年东部地区重点城市冷库容积情况（单位：万立方米）

数据来源：物联云仓数字研究院。

3. 中部地区

2024 年，中部地区通用仓库主要分布在郑州、武汉等城市；冷库主要分布在武汉、郑州等城市。

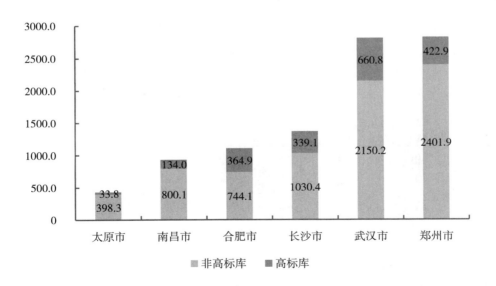

图 6　2024 年中部地区重点城市通用仓库面积情况（单位：万平方米）

数据来源：物联云仓数字研究院。

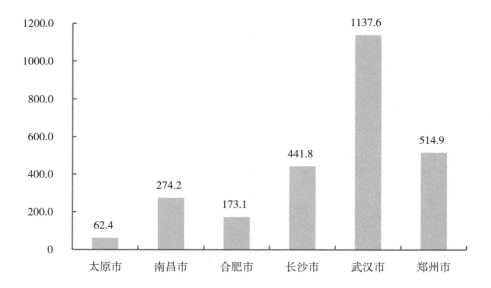

图 7　2024 年中部地区重点城市冷库容积情况（单位：万立方米）

数据来源：物联云仓数字研究院。

4. 西部地区

2024 年，西部地区通用仓库主要分布在成都、重庆等城市；冷库主要分布在成都、重庆等城市。

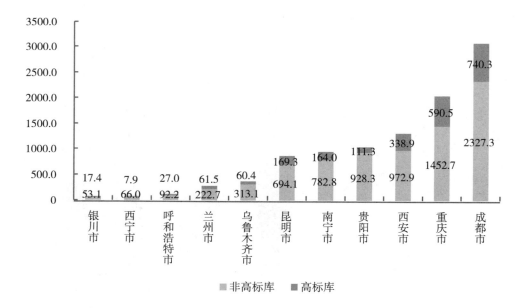

图 8　2024 年西部地区重点城市通用仓库面积情况（单位：万平方米）

数据来源：物联云仓数字研究院。

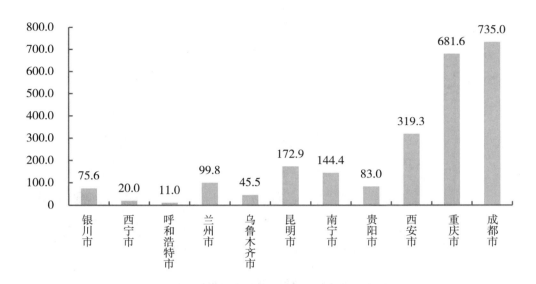

图 9　2024 年西部地区重点城市冷库容积情况（单位：万立方米）

数据来源：物联云仓数字研究院。

（二）仓库需求

2024 年，四个区域的仓库需求类型均以仓库租赁为主，其次为仓库代管。省会城市及重要枢纽城市需求较为旺盛。

东北地区：仓库需求面积占全国的 3.08%，需求相对较少；以通用仓库需求为主，冷库需求较少，需求主要集中在哈尔滨、沈阳等城市。

东部地区：仓库需求面积占全国的 57.13%，需求相对较多；通用仓库需求主要集中在上海、佛山等城市；冷库需求主要集中在上海、杭州等城市。

中部地区：仓库需求面积占全国的 15.80%；通用仓库需求主要集中在郑州、长沙等城市；冷库需求主要集中在武汉等城市。

西部地区：仓库需求面积占全国的 23.99%；通用仓库需求主要集中在成都、西安等城市；冷库需求主要集中在成都、乌鲁木齐等城市。

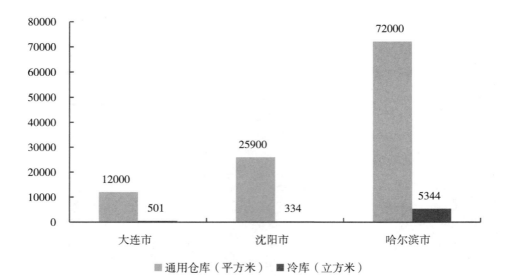

图 10　2024 年东北地区重点城市累计仓储需求

数据来源：物联云仓数字研究院。

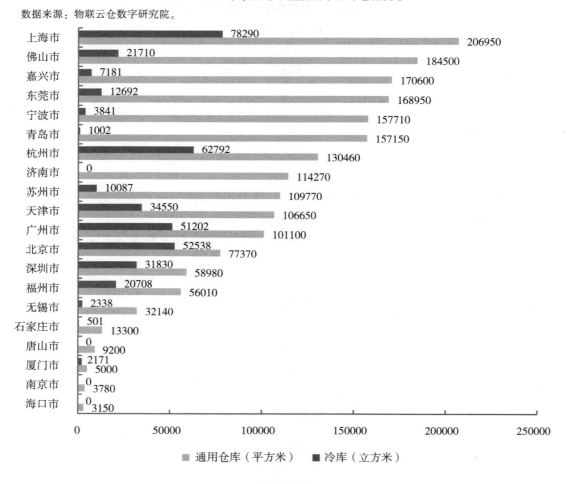

图 11　2024 年东部地区重点城市累计仓储需求

数据来源：物联云仓数字研究院。

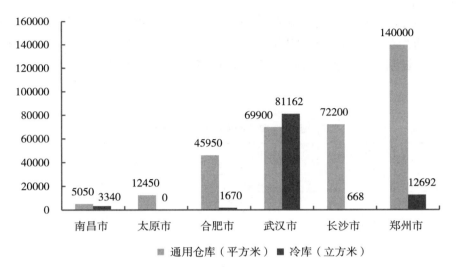

图 12 2024 年中部地区重点城市累计仓储需求

数据来源：物联云仓数字研究院。

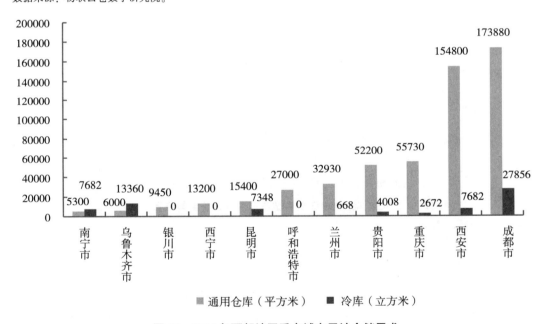

图 13 2024 年西部地区重点城市累计仓储需求

数据来源：物联云仓数字研究院。

（三）租金与空置率

2024 年，通用仓库平均租金为 23.21 元/（平方米·月），通用仓库空置率为 16.44%；冷库平均租金为 70.57 元/（平方米·月），冷库空置率为 25.68%。虽然通用仓储市场相对平稳，但是受到行业发展和需求变化等多方面影响，租金呈下行状态，空置率则有所上升；冷库供需矛盾加剧，租金下行成为主旋律，空置率则一度飙升到高位。

在通用仓库方面，东部地区经济发达，物流需求较为旺盛，租金相对较高；东北地区经济活力较弱，供需失衡，导致租金较低；同时，东北地区因产业结构单一、仓储需求不足，导致空置率较高；中部地区受益于制造业和消费市场支撑，租金相对平稳。

在冷库方面，东部地区冷链物流需求（如跨境电商、生鲜电商等）强劲，租金相对较高；西部地区冷链基础设施相对落后，租金较低，但受益于政策与特色产业驱动，空置率相对较低。

表 3　通用仓库和冷库的租金与空置率情况

地区	通用仓库租金 （元/（平方米·月））	通用仓库空置率 （%）	冷库租金 （元/（平方米·月））	冷库空置率 （%）
东北地区	16.00	23.52	62.03	25.21
东部地区	24.30	14.88	75.17	24.87
中部地区	19.67	13.76	69.70	26.34
西部地区	19.12	17.05	61.58	17.82

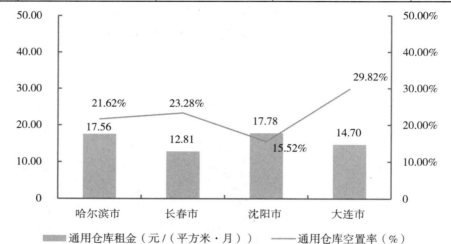

图 14　2024 年东北地区重点城市通用仓库租金与空置率情况

数据来源：物联云仓数字研究院。

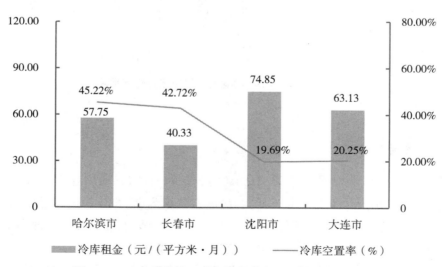

图 15　2024 年东北地区重点城市冷库租金与空置率情况

数据来源：物联云仓数字研究院。

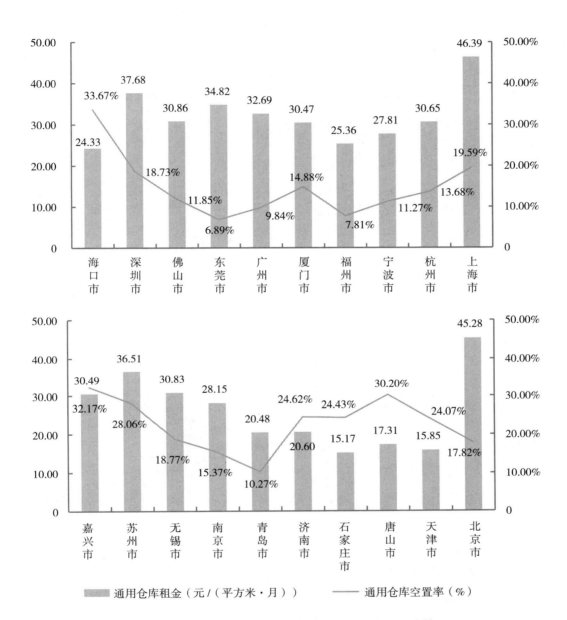

图16 2024年东部地区重点城市通用仓库租金与空置率情况

数据来源：物联云仓数字研究院。

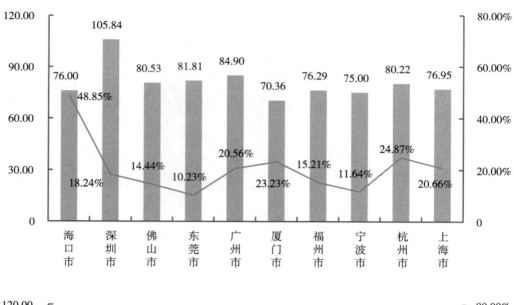

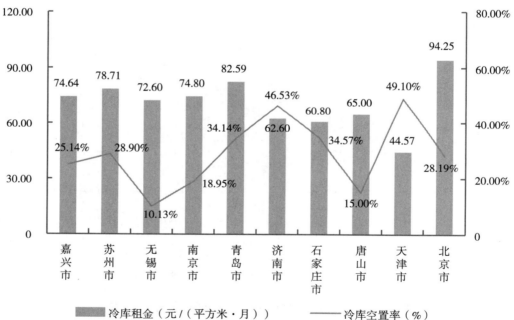

图例：■ 冷库租金（元 /（平方米·月）） —— 冷库空置率（%）

图 17　2024 年东部地区重点城市冷库租金与空置率情况

数据来源：物联云仓数字研究院。

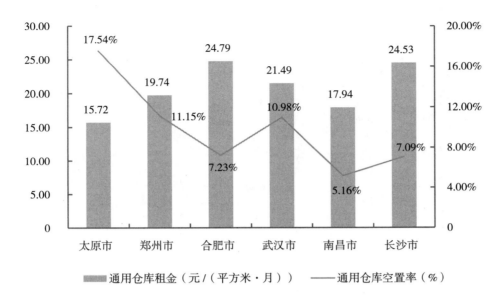

图 18　2024 年中部地区重点城市通用仓库租金与空置率情况

数据来源：物联云仓数字研究院。

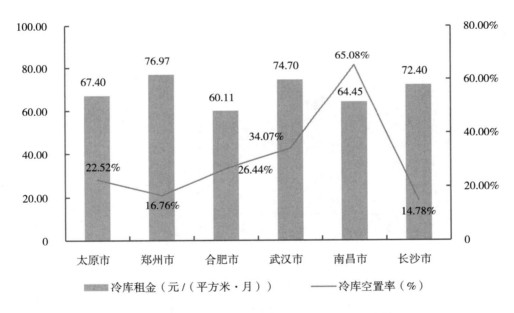

图 19　2024 年中部地区重点城市冷库租金与空置率情况

数据来源：物联云仓数字研究院。

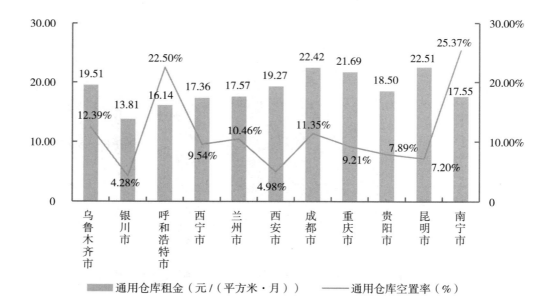

图 20　2024 年西部地区重点城市通用仓库租金与空置率情况

数据来源：物联云仓数字研究院。

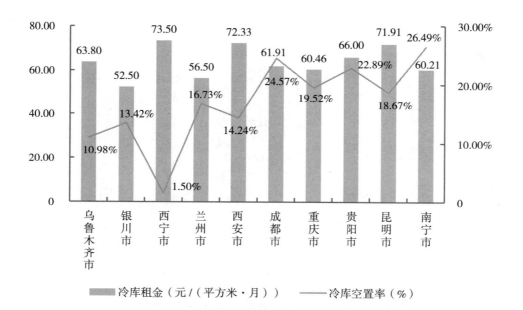

图 21　2024 年西部地区重点城市冷库租金与空置率情况

数据来源：物联云仓数字研究院。

（四）仓储用地交易

2024 年，仓储用地成交共计 1418 起，同比下降 16.02%；成交面积达 86372.3 亩，同比下降 22.10%；成交单价为 26.85 元/亩，同比下降 8.25%。

表4 仓储用地交易情况

地区	用地交易次数（起）	用地交易面积（亩）	重点城市
东北地区	122	8019.9	沈阳市成交面积为899.1亩
东部地区	495	31897.3	唐山市成交面积为2545.8亩
中部地区	378	20511.7	郑州市成交面积为1707.2亩
西部地区	423	25943.4	重庆市成交面积为3845.6亩

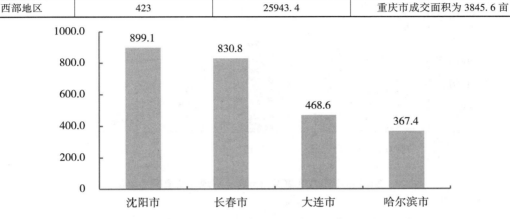

图22 2024年东北地区重点城市仓储用地成交情况（单位：亩）

数据来源：中国土地市场网、物联云仓数字研究院。

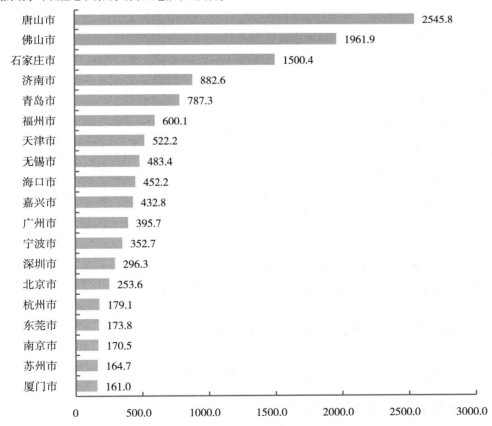

图23 2024年东部地区重点城市仓储用地成交情况（单位：亩）

数据来源：中国土地市场网、物联云仓数字研究院。

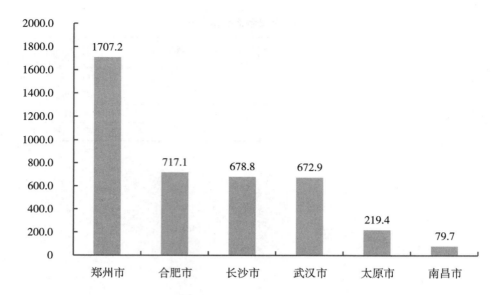

图 24 2024 年中部地区重点城市仓储用地成交情况（单位：亩）

数据来源：中国土地市场网、物联云仓数字研究院。

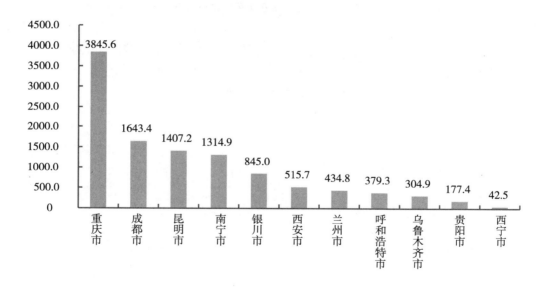

图 25 2024 年西部地区重点城市仓储用地成交情况（单位：亩）

数据来源：中国土地市场网、物联云仓数字研究院。

二、2024 年物流地产公募 REITs 情况

2024 年，物流地产（仓储物流设施）公募 REITs 市场呈现"稳中有进"态势。

（一）公募 REITs 申报受理情况

2024 年，3 只仓储物流设施公募 REITs 申报中国证监会、证券交易所的公募 REITs。

表 5　2024 年仓储物流公募 REITs 申报/获批基本情况

序号	基金名称	行业类型	申报场所	申报类型	项目状态	受理日期
1	汇添富九州通医药仓储物流封闭式基础设施证券投资基金	仓储物流	上海证券交易所	首次发售	通过	2024/9/24
2	华安外高桥仓储物流封闭式基础设施证券投资基金	仓储物流	上海证券交易所	首次发售	通过	2024/9/12
3	南方顺丰仓储物流封闭式基础设施证券投资基金	仓储物流	深圳证券交易所	首次发售	通过	2024/9/24

数据来源：Choice、国泰君安资管。

（二）已上市公募 REITs 情况

截至 2024 年底，市场上存续的仓储物流设施公募 REITs 共计 6 只，资产覆盖长三角、西南地区等核心物流枢纽。从总市值来看，2024 年仓储物流设施公募 REITs 净值变化相对较小。其中，中金普洛斯 REIT 和红土创新盐田港 REIT 保持上涨，其他 REIT 均略有下降。

表 6　2024 年已上市的仓储物流设施公募 REITs 市值情况

序号	基金代码	基金名称	2024 年末现价（元）	2024 年总市值涨跌幅（%）	上市以来总市值涨跌幅（%）	2024 年度营业收入（亿元）
1	508056.SH	中金普洛斯 REIT	3.335	3.54	1.18	4.56
2	508098.SH	嘉实京东仓储基础设施 REIT	3.009	−5.11	−7.16	1.08
3	180301.SZ	红土创新盐田港 REIT	2.035	−8.62	3.88	1.31
4	508078.SH	中航易商仓储物流 REIT	—	—	—	—
5	180303.SZ	华泰宝湾物流 REIT	3.900	−3.99	−3.99	
6	180302.SZ	华夏深国际 REIT	2.399	−1.15	−1.15	

数据来源：Choice、国泰君安资管。

表 7　2024 年产权类公募 REITs 二级估值情况

序号	基金代码	基金名称	2023 年四季度末单位净值（元）	2024 年二季度末单位净值（元）
1	508056.SH	中金普洛斯 REIT	3.9	3.7
2	508098.SH	嘉实京东仓储基础设施 REIT	3.5	3.4
3	180301.SZ	红土创新盐田港 REIT	2.3	2.3
4	508078.SH	中航易商仓储物流 REIT	2.6	—
5	180303.SZ	华泰宝湾物流 REIT	4.1	—
6	180302.SZ	华夏深国际 REIT	2.5	

数据来源：Choice、国泰君安资管。

三、仓储市场未来展望

2025年及未来一个时期，我国经济低速增长仍将持续，在现有存量设施基础上，随着新增项目投入市场，大部分城市仍将面临仓库去化压力大、租金下滑、空置率上升等挑战。

东北地区：物联云仓平台数据显示，在建仓库面积约60万平方米。仓储资源供过于求严重，去化压力较大，空置率短期内难以改善，租金虽有下降可能性，但基本筑底。尤其是大连市、长春市等空置率较高的城市。

东部地区：物联云仓平台数据显示，在建仓库面积约1767万平方米，新增供应面积较多，租金与空置率将随着新增供应入市有所波动。例如，广东省有1443万平方米新增供应将逐步入市，且跨境电商需求有所收缩，届时租金下降，空置率上升将成为趋势；2025—2026年，北京市预计有192万平方米新增供应入市，市场面临供需平衡失调的局面，降价出租将成为主要趋势；上海市、江苏省、浙江省等省市未来新增供应约470万平方米，需求动力略有不足，未来去化也将面临一定困难。

中部地区：物联云仓平台数据显示，在建仓库面积约295万平方米。未来需求动力不足，去化困难，租金将进一步承压，但目前租金基本筑底，可调整空间较小。未来新增供应主要集中在武汉市、苏州市，这些节点城市目前供需基本平衡。随着新增供应入市、存量增加，去化将成为地区焦点问题。

西部地区：物联云仓平台数据显示，2025—2026年预计新增供应为190万平方米。结合当前经济形势，西部地区新增供应相对其他区域较少，需求相对平稳。新增供应入市后，对市场冲击相对较少，市场整体较为平稳。

未来一段时间，在同质化竞争的情况下，租金还会持续下降，但下降幅度有限。国内经济承压较大，租户大多在退仓或者缩减面积优化成本，且将有大面积新增供应入市。从目前来看，空置率还会有所上升。同时，在政策支持、分红回报等因素的驱动下，仓储物流设施公募REITs将成为投资者配置抗周期资产的重要选择。

物联云仓数字研究院

2024 年海外仓发展现状与未来展望

在全球贸易数字化转型的进程中，海外仓作为跨境电商全球化战略的重要基础设施，其战略价值日益凸显。本文通过分析政策、技术与市场等三重驱动因素，重点关注行业从规模化扩张向高质量发展的转型路径，并展望未来的发展趋势。

一、2024 年海外仓发展政策环境

（一）国家政策：政策协同持续强化

2024 年，国家战略层面将海外仓定位为"外贸新基建"，并持续加大政策支持力度。

在顶层设计方面，《商务部等 9 部门关于拓展跨境电商出口推进海外仓建设的意见》（商贸发〔2024〕125 号）构建了系统化的政策框架，重点围绕培育主体、金融支持、通关便利、风险防控、标准建设的五维政策体系。

在财税政策创新方面，国家税务总局实施"离境即退税"政策，退税周期从 45 天缩短至 24 小时，企业资金周转率提高 30% 以上。

在战略协同深化方面，165 个跨境电商综试区通过"政策试验田"模式探索创新，叠加政策性金融机构"一带一路"专项融资支持及海外投资保险工具，形成"中央部门指导—地方政府落实—金融机构协同"三维支撑体系。

（二）地方政府：精准配套措施落地

沿海地区以政策改革和标准工作为抓手。广东省通过取消跨境电商出口海外仓企业备案等 4 项审批，配合"承诺制"改革，使企业行政成本降低 65%。深圳市发布地方标准《跨境电子商务海外仓服务质量要求》，设立"72 小时入库上架率""库存准确率≥99%"等 18 项量化指标，推动行业服务标准化。

内陆地区探索"海外仓+产业园区"联动模式。陕西省通过波兰仓与当地光伏产业园的协同，库存周转率提高 40%。以隆基绿能为例，其波兰仓与产业园共享物流资源，将组件运输成本降低 18%，并通过前置仓模式，将欧洲客户交货周期压缩至 7 天。宁波某家具企业通过叠加浙江省数字化补贴与山东省品牌奖励政策，其德国仓智能化改造成本降低 38%，库存周转率提高 30%。

二、2024 年海外仓发展基本情况

（一）市场规模：全球网络加速扩张

商务部数据显示，中国企业建设海外仓超 2500 个，面积超 3000 万平方米，其中跨境电商专用仓占比达 70%。区域分布呈现"成熟市场深耕+新兴市场渗透"双轨特征。

北美市场作为重点布局区域，2024 年迎来爆发式增长。据行业统计，美国海外仓新增面积超 200 万平方米，头部企业甚至出现"当月开仓，当月爆仓"等现象。例如，得克萨斯州休斯敦智能仓群通过自动化改造，日均处理能力达 50 万单，支撑"3 小时配送圈"建设。欧洲市场依托中欧班列发展多式联运仓群，德国杜伊斯堡枢纽仓通过铁路—公路联运，物流成本降低 28%，成为东欧市场的关键支点。

头部企业加速全球化布局。菜鸟新增 12 个国家级智能枢纽仓，其 72 小时达服务覆盖国家增至 60 个，显著提升中小卖家履约的稳定性。

（二）技术应用：智能化与绿色化并进

智能化转型聚焦三大技术突破。一是 AGV 机器人部署量同比增长 120%，京东物流洛杉矶仓采用"5G+机器视觉技术"，实现"货到人"拣选，分拣错误率降至 0.3%，这意味着每 1000 单仅出现 3 次拣货错误，远低于行业平均分拣错误率（1.0%），该技术使单仓日均处理能力提高 80%，人力成本下降 40%。二是数字孪生技术应用，顺丰德国仓通过实时仿真优化仓内动线设计，使拣货员平均行走距离从 8 公里/天缩短至 4.8 公里/天，效率提高 40%。在业务高峰压力测试中，该技术帮助仓库应对单量激增问题。2024 年黑色星期五购物季运营数据显示，顺丰德国仓的订单处理量同比增长 60%，错发率、漏发率均控制在 0.1% 以下。三是纵腾集团开发的智能补货系统利用机器学习算法，将库存预测准确率提升至 92%，滞销库存减少 35%。上述三项技术形成了从执行到决策的完整智能化链条，AGV 机器人保障仓储作业的高效执行，数字孪生技术实现流程的持续优化，智能补货系统提供精准的库存决策支持，共同构建了海外仓智能化的闭环管理体系。

绿色化发展成为行业共识，绿色技术应用已覆盖全链条。万邑通德国仓全面采用可降解包装材料，年均塑料消耗减少 800 吨，相当于减少 1200 吨碳排放，同时安装光伏储能系统，实现 60% 的运营用电清洁化，其经验被复制到英国仓、法国仓，推动集团整体碳强度下降 22%。中外运物流有限公司获得通标标准技术服务有限公司（SGS）的达成碳中和宣告核证声明，应用电动物流车、电动叉车等清洁能源设备，并采用国际班列运输方式，助力项目减少约 40% 的碳排放。某汽车配件企业通过新加坡碳中和认证仓库服务，成功获得欧盟碳边境调节机制（CBAM）合规认证，综合出口成本降低 15%。

（三）服务模式：从单一仓储向"仓储+服务"生态转型

在基础服务方面，菜鸟西班牙仓提供"一站式"清关服务，将清关时间从 48 小时缩短至 6 小时。增值服务渗透率超 50%，谷仓供应链推出"尾货回购计划"，2024 年累计回收货

值超 20 亿元，帮助卖家降低滞销库存损失。定制化方案成为垂直领域突破口，递四方速递针对 3C 产品高退货率痛点，推出"逆向物流专线"，将退货处理时效压缩至 72 小时，客户满意度提升 40%。某汽车零部件企业通过"产业带专属仓"模式，将欧洲市场的订单响应速度提升至 24 小时，市场份额扩大 15%。

（四）竞争格局：马太效应凸显

当前，海外仓市场主体分为五大类，基于发展基础，已形成差异化的竞争力。一是电商平台企业（自建海外仓），依托流量与技术优势，构建"仓配一体化"生态。菜鸟通过阿里电商平台数据，提前预判消费热点，在欧美市场实现 2~3 日达，2024 年其跨境包裹处理量占行业的 40%；京东物流海外仓借助国内供应链经验，在东南亚推出"次日达"，成为 Temu、SHEIN 等平台的核心物流伙伴。二是专业海外仓服务商，聚焦全流程服务。谷仓市场份额达 35%，为中小卖家提供"仓储+清关+尾货处理"一站式解决方案，某饰品卖家使用谷仓服务后，综合物流成本下降 25%。三是快递企业延伸。顺丰依托全球 180 个物流节点，在中东、拉美等地区实现"跨境干线+海外仓"无缝对接；极兔速递通过东南亚本土化网络，在印度尼西亚、越南的市场占有率超 60%。四是传统外贸转型企业，深耕产业带资源。某灯具企业转型海外仓后，整合本地 300 家供应商，提供"来样加工+海外仓备货"服务，在欧洲市场的灯具份额达 30%。五是本土化合作模式，轻资产切入新兴市场。某企业与巴西本土物流商合作，利用其清关优势，在 3 个月内建成圣保罗仓，合理规避了当地复杂的税务政策。

当前行业呈现"强者愈强"的马太效应，头部企业通过规模化和智能化构筑壁垒，中小企业竞争压力日渐凸显。未来，行业竞争将围绕网络覆盖、数字化能力和本土化运营等三大核心维度展开。

三、海外仓发展面临的问题

（一）国际政策壁垒

全球贸易政策趋严，运营成本显著提高。美国对跨境电商商品加征 15%~20% 的关税（据 USTR 2023 年 301 条款更新），导致部分中小卖家的利润空间压缩。例如，深圳某消费电子企业因关税调整，2024 年净利润率下降 5 个百分点。欧盟取消 150 欧元以下商品免税政策，迫使企业调整定价策略，某家居品牌通过"化整为零"分批发货，将单笔订单金额控制在 150 欧元以下，但物流成本增加了 18%。地缘政治风险亦不容忽视，美国外国投资委员会对半导体领域投资的限制，直接导致某中国芯片企业在墨西哥仓的建设计划搁置，前期投入损失超 2 亿元。

（二）基础设施与运营瓶颈

一是新兴市场物流短板突出。在东南亚地区，极兔速递印度尼西亚雅加达仓通过本土化改造，将宗教特色商品（如头巾、礼拜服饰等）周转周期压缩至 7 天，但受制于基础设施短板，越南胡志明市仓点的"最后一公里"配送成本仍高出成熟市场 40%。非洲尼日利亚仓的

"最后一公里"配送时效低于成熟市场30%，某手机品牌被迫建立专属物流体系，导致运营成本增加25%。二是仓储管理系统（WMS）数字化水平滞后制约运营效率，仅45%的海外仓实现了WMS系统全覆盖。某家居企业因系统不兼容，其美国仓与越南仓的库存数据误差率达8%，引发多次超卖纠纷。三是供应链韧性不足等问题凸显，2024年红海航运危机导致库存周转周期延长20%，某服装企业因原材料滞留中东港口，被迫支付额外仓储费超500万元。

四、2025年海外仓发展展望

（一）政策环境：支撑体系进一步成型

国家战略层面将海外仓定位为"外贸新基建"，已形成"中央部门指导—地方政府落实—金融机构协同"三维支撑体系，预计将出台专项产业基金、税收优惠等配套政策。目前，全国165个跨境电商综试区已建立"政策试验田"，结合海外投资保险等金融工具，政策红利从单纯补贴向系统化制度供给转变，为行业规模化扩张和技术革新提供制度保障。

（二）市场规模：万亿级增量空间开启

在全球贸易格局深度调整背景下，海外仓迎来多重发展机遇。政策红利持续释放，叠加跨境电商规模持续增长，品牌出海加速与供应链稳定性需求提升形成双重驱动。Temu、SHEIN等平台半托管模式催生本地化仓储刚需，叠加中国卖家进军海外线下市场，形成万亿级市场增量空间。伴随全球化布局深化，行业将面临500亿元级投资需求，重点投向智能仓建设、数字化升级等领域，长期投资回报率稳定在15%～20%，但需要关注国际政策风险对冲。

（三）区域布局：新兴市场成战略高地

空间布局向共建"一带一路"新兴市场纵深发展，东南亚、中东、拉美、非洲等成为高增长区域。例如，中东电商市场规模年度复合增长率为30%，推动迪拜、利雅得成为新的枢纽仓节点；功能布局依托中欧班列打造"多式联运仓群"，西安—鹿特丹班列沿线的海外仓网络正在形成；在节点密度上构建"核心枢纽仓（面积≥10万平方米）+卫星仓（面积为1万～3万平方米）"体系，满足不同品类的存储需求。

（四）运营服务：服务能力和模式双轨持续进化

在运营服务方面，海外仓企业逐步向全链路服务能力和服务模式升级双轨进化。一是头部企业通过并购整合，形成全链路服务能力，菜鸟收购西班牙本土物流商，补齐末端配送短板；中小企业通过"云仓联盟"，实现资源共享；某长三角产业带企业接入30个海外仓，库存周转率提高20%，物流成本下降15%。二是服务模式升级，从单一仓储向"通关+物流+金融"综合服务转型，某供应链企业推出"海外仓融资"产品，为卖家提供仓单质押贷款；从标准化向定制化演进，"产业带专属仓""危险品专用仓"等细分产品涌现；售后服务体系完善，退换货处理时效普遍压缩至72小时以内。

（五）技术革新：智能化与绿色化

AI 算法将深度应用于需求预测、库存调配，预计 AI 技术与自动化技术将推动运营效率提高 300%，成本降低 40%。某跨境电商平台使用 AI 模型后，库存周转周期从 45 天缩短至 15 天，缺货率下降 60%。绿色物流成为强制标准，光伏储能系统在海外仓的普及率将超过 50%，可降解包装材料使用比例达 70%，中国外运等企业的碳中和标准有望成为全球行业规范，助力中国企业应对欧盟碳边境调节机制等绿色壁垒。

中国仓储与配送协会保税与海外仓分会、跨境电商与海外仓分会 罗威、周武秀、刘建萍

2024 年中药材现代物流体系建设与 2025 年展望

中医药作为中国传统文化的代表，国家多次发布相关文件促进中医药产业高质量发展，振兴中医药产业，保障人民健康。中药材作为中医药产业的原料基础，其质量安全直接关系到中医药产业的保障和发展。然而长期以来，我国中药材的流通方式相对落后，难以满足当前市场对中药材原料的高质量要求。

一、中药材现代物流体系近 10 年取得成果

为了提升中药材流通行业水平，保障中药材流通质量安全，中国仓储与配送协会在商务部的引导下，根据国务院、商务部相关文件要求和指引，自 2014 年开始组织开展中药材现代物流体系建设工作。截至 2024 年底，已取得以下成果。

一是开展中药材物流基地建设。基本完成了在全国道地药材主产区建立 88 个标准化、集约化、规模化和产品信息可追溯的现代中药材物流基地的布局，已有 38 家基地完成全面建设并通过评审成为中药材物流实验基地，其中 15 家被评审为"单品种道地药材流通质保仓"。

二是标准制定。组织制定《中药材仓储管理规范》（SB/T 11094-2014）、《中药材仓库技术规范》（SB/T 11095-2014）、《中药材气调养护技术规范》（SB/T 11150-2015）、《中药材包装技术规范》（SB/T 11182-2017）、《中药材产地加工技术规范》（SB/T 11183-2017）等行业标准。

三是完善工作体系。组织开发与运营"全国中药材物流公共管理数字化服务平台"，支持建设中药材电子交易服务平台，建立中药材第三方检验检测服务网络，实现中药材从种植到采收、加工、检测、包装、仓储、养护、销售等全程信息追溯。目前，中药材现代物流体系建设已取得了阶段性成果。

根据《国务院办公厅关于推动药品集中带量采购工作常态化制度化开展的意见》（国办发〔2021〕2 号）和《国务院办公厅印发关于加快中医药特色发展若干政策措施的通知》（国办发〔2021〕3 号）提出的"推动'药品集中带量采购工作常态化'和'实施道地中药材提升工程'的发展意见与措施"，中药材现代物流体系建设工作开始逐步向道地中药材流通质量提升工程建设工作进行转变，并确定了工作思路，逐步向建立有质量保障、可追溯中药材定向采购与供应新机制发展。

二、2024 年中药材现代物流体系建设进展

（一）完善优化全国中药材物流基地网络

目前，在全国道地药材主产区已经初步形成了覆盖全国领域的中药材物流基地网络，但还存在基地建设与运营管理发展不均衡、仓储及保供能力参差不齐等问题。针对这一现状，可通过对中药材物流基地进行分类，并逐类完善优化，提高整体运营效率。一是从中药材物流实验基地中优选出在道地药材单品种主产区、道地药材保质稳供能力较强、基地建设完善的基地，推动建设标准化、规模化、有质量与数量保证、可追溯的道地药材单品种流通质保仓，截至 2024 年底，已组织评价了 15 个品种的 15 家道地药材单品种流通质保仓；二是对正在建设中、进度正常的基地进行指导，帮助基地加快规范化、标准化建设；三是对建设能力不足、建设进度停滞的基地进行迭代，重新接受有能力、有意愿建设的新企业申请，2024 年有 3 家旧基地由新企业进行重新申请建设。

（二）指导监督质保仓运营，打造基地建设典范

道地药材单品种流通质保仓是中药材物流基地建设的先行典范，是单品种道地药材精品、优品的标志。为了持续推动中药材物流基地的标准化建设与规范化规模化运营，需要行业组织及相关专家的适时指导和监督，保证其在单品种药材的仓储率、质检率、追溯率、上线率、绿色仓储养护技术、仓储基础建设等方面达到相关标准要求。2024 年，中国仓储与配送协会中药材仓储分会对所有质保仓进行了管理评估核查工作，并提出具体整改意见与要求，进一步强化质保仓运营企业的质量意识，帮助企业规范并提升运行管理水平，为逐步打造道地药材单品种流通质保仓优质药材品牌奠定基础。

（三）逐步打造野山参"活体鲜贮"新模式

针对野山参等多年生长的贵稀药材生长周期长、投入大、附加值高、回款慢的实际情况，探索实施"活体鲜贮"的新型流通方式，通过数字化手段将药材生产区域建设成活体鲜贮的数字化生态库场景，跟踪、监控与追溯药材的长期生长过程，形成全程追溯体系，保障药材的生产与流通质量。以野山参为首例，制定了团体标准《野山参活体鲜贮生态库建设与运营管理规范》，并召开了首届野山参"活体鲜贮"新模式创建暨产业高质量发展大会，对"活体鲜贮"模式进行宣传。目前，该模式已在辽宁省 3 家人参企业进行实践操作。

三、当前存在的问题

（一）中药材物流基地运营建设受到影响

2023—2024 年中药材原料价格的大幅波动，对中药材物流基地的运营及投资企业造成显著影响，出现了药材收储量不稳定（积压或短缺）、资金周转困难、基地运营建设进度拖延

等问题，一方面影响了全国基地整体布局的建设进度，另一方面也对收储药材的保质保量工作造成很大负担。

（二）数字化、智能化水平相对落后

中药材流通产业受限于产业相对传统、发展相对落后等因素，导致整个产业链的数字化、智能化程度相较于其他产业是较低的。主要体现在：中药材仓库仍以传统管理模式为主，人工依赖性强，自动化、信息化水平较低；中药材流通环节的全程可追溯还未实现，不同追溯体系之间存在信息共享壁垒；缺乏智能化设备的应用，导致生产效率和管理水平较低；电子交易平台功能不完善，使用率较低；人工智能技术应用有限。

（三）贵稀药材品牌挖掘不足

受限于相对传统、数字化不足的中药材流通方式以及缺乏规范化管理，导致野山参等贵稀药材缺乏医用、食用、科技、文化和生态资源等价值的深度挖掘，造成我国贵稀药材产业长期存在低水平跟风盲目种植、附加值低、产量不稳定等问题。这不仅对保障真品精品、药材质量和药效以及实现高附加值带来了极大的挑战，还制约了贵稀药材产业的健康发展。

四、2025 年工作展望

（一）继续推进道地中药材流通质量提升工程建设

2025 年，应根据当前中药材流通现状及存在的问题，继续贯彻工作思路，推进道地中药材流通质量提升工程建设，推动中药材物流实验基地的数字化改造与收储规模提升，按标准化、数字化的要求推动在建基地的建设，扩大道地药材单品种流通质保仓的规模，严格实施质保仓的动态管理，监督质保仓的运营管理水平，积极建设道地药材流通质保仓保供联盟，完善中药材数字化平台建设和运营，积极对接国家与社会联采、集采机制，为社会提供中药材物流基地有质量保证、可溯源的大宗及贵重中药材。

（二）加快中药材流通企业数字化转型，提升产业数智化水平

针对当前中药材流通产业数字化、智能化程度相对落后的情况，通过科技手段提升整体生产力，促进规范化、规模化、精细化、集约化生产，是提高中药材流通产业整体效率、提升中药材流通质量的重要途径。未来，将积极推动中药材流通产业加快数字化转型步伐，并利用云计算、大数据、物联网、区块链、AI 技术等现代信息技术，大力推动仓储管理系统应用，完善中药材流通全过程追溯管理机制，搭建优化中药材电子交易平台功能，运用智能化系统和仓库，推动中药材全产业链数据协同，促进中药材流通产业的数字化、智能化发展。

（三）提升道地药材流通质保仓保供联盟能力，拓展对接中药材销售渠道

通过监督道地药材流通质保仓运营管理水平，扩大道地药材流通质保仓保供联盟的质保仓会员单位规模，提升联盟整体保供能力。同时，通过积极对接政府集采及社会联采的相关

平台、中药材电子交易服务平台、制药企业、饮片企业等多种方式拓展中药材销售渠道，宣传中药材物流基地、道地药材流通质保仓的中药材质量保障体系，逐步加强政府和社会采购平台对保供联盟药材品质的认可，形成定向采购，推动有质量保证、可溯源的优质中药材及其产品畅销全国、走向世界。

（四）持续"活体鲜贮"模式，打造"活体鲜贮"质量品牌

继续打造和发展"活体鲜贮"模式。以野山参为首个代表，通过在野山参道地产区推广"活体鲜贮"模式，在野山参种植基地建立生态库，打造野山参"活体鲜贮"产业链完整体系，并通过继续举办野山参"活体鲜贮"新模式创建暨产业高质量发展大会、野山参"活体鲜贮"促销会等活动，宣传推广"活体鲜贮"，提升"活体鲜贮"品牌知名度，逐步打造野山参"活体鲜贮"质量品牌。

中国仓储与配送协会中药材仓储分会　王杰、朱梦元

2024 年家居供应链发展与 2025 年展望

2024 年，家居行业①虽面临外部环境多变、成本攀升、房地产市场下行等挑战，但在"以旧换新"促消费政策与居民对家居品质要求提升的双重驱动下，总体呈现稳中向好的态势。

国家统计局数据显示，2024 年我国规模以上家具企业② 7459 家，实现营业收入 6771.5 亿元，同比增长 0.4%；实现利润总额 372.4 亿元，同比下降 0.1%。2024 年中国家电行业累计主营业务收入达 1.95 万亿元，同比增长 5.6%；利润总额达 1737 亿元，同比增长 11.4%。从国际市场来看，出口依然保持强劲势头。海关总署数据显示，2024 年我国家具及其零件出口额达 678.8 亿美元，同比增长 5.8%；家电出口额达 1124 亿美元，同比增长 14.0%。得益于国内外市场的双重利好，2024 年家居行业整体效益表现良好。

一、2024 年家居供应链发展状况

（一）"以旧换新"拉动家居业务增长

2024 年 3 月，国务院印发《推动大规模设备更新和消费品以旧换新行动方案》，为家居业务增长带来新动力。在政策的推动下，2024 年"以旧换新"成效显著，8 大类家电产品销售量超 5600 万台，家装厨卫销售量约 6000 万件。居然之家积极响应政策，通过开展"以旧换新"等营销 IP 活动，2024 年上半年实现获客 11.7 万人，引导销售 4.6 亿元。家居零售龙头企业红星美凯龙先后于 2024 年 3 月、5 月、8 月开启多轮"以旧换新"试点，红星美凯龙全国商场统计数据显示，累计完成订单超 4 万单，销售金额超 4.5 亿元，成效显著。受到消费提振政策的刺激，家电企业重点品类的销量迅速增长，其中冰箱、空调和洗衣机等大型家电产品的销量尤为明显。

与此同时，"以旧换新"活动涉及家居的生产、销售、回收、拆解等多个环节，需要上下游企业密切配合，不仅促进了家居企业与回收企业、物流企业、拆解企业等建立更紧密的合作关系，还推动了家居供应链各环节主体的融合发展。

（二）注重供应链一体化建设

2024 年，家居企业通过引入先进的供应链管理理念和技术，实现了从原材料采购、生产制造到物流配送等环节的精细化管理，促进供应链结构持续优化。欧派家居通过加强上下游

---

① 家居行业包括家具、家电、建材三大类。
② 年主营业务收入 2000 万元及以上的家具企业。

企业之间的合作，实现了资源共享、优势互补，与多家供应商建立了长期稳定的合作关系，确保了原材料的稳定供应和成本控制，并自建生产基地，推出多品类产品，实现了从选材、下单、运输、入库到配送的一体化供应链体系。左右家居与日日顺供应链深入合作，在电商端建立一体化的供应链管理服务体系，服务全面覆盖从前端工厂到终端用户的全链路、全流程，涵盖工厂提货、干线发运、区域配送、末端送装等各环节，极大地提高整体运营效率，降低货损货差，确保产品按时、按质、按量送达消费者手中；在经销商端，日日顺供应链承接左右家居赣州工厂至经销商的干线运输服务，将以往经销商自行寻找物流资源的方式转变为统一对接模式，实现集约透明、规范高效的渠道管理，帮助经销商降低物流成本和减少库存，并彼此建立更加稳定紧密的合作关系。

（三）全域数智化转型加速

近年来，数智化转型成为家居供应链发展的重要趋势，企业纷纷加大在数字化、智能化技术方面的投入。2024 年，居然之家零售端发布"居然智慧家商业模式"，通过构建数字家庭大脑和数字家庭 App 两个交互中心，连接丰富可扩展的生态子系统和智能终端，实现数据跨品牌、跨生态、跨终端的互联互通；在链条上进行数智化布局，覆盖家居卖场、工厂、经销商、导购员、家装设计师、消费者智慧生活服务等全域运营，在品牌端、设计端和消费端都建立了深度触达点，持续引领行业发展。梦天家居与云设计软件酷家乐达成合作，在设计端提升设计师"门墙柜一体化"完整木作解决方案的设计能力，通过短视频营销矩阵，以"漫游视频+生长动画"这种低成本但高效的形式吸引消费者，进一步推动获客转化；同时，基于数据化管理的定制能力，通过技术改造实现了智能制造的工业化和信息化融合，在产品设计、订单形成、订单审核、订单报价、扣款、排产、组织生产、成品出货、收货确认等全流程，实现柔性化生产，提升大规模非标定制能力，以满足消费者对定制家具的需求。

（四）绿色供应链发展意识增强

绿色供应链在家居行业中的重要性日益凸显，企业注重原材料的环保性、生产过程的节能减排以及产品的可回收性。美的集团一直积极践行绿色可持续的发展理念，美的洗衣机合肥工厂在工业园区全面部署了绿色能源，建立了电力发电侧与电力消费用能侧的全闭环，安装的分布式光伏板为工厂提供了清洁、稳定的绿色电力，从源头降碳，助力工厂向"绿电工厂"的转型；工厂还建立了产品碳足迹管理系统，追踪每个产品的全生命周期"碳足迹"。目前，工厂 31% 的能源供应来自太阳能，实现 40% 的水资源循环利用，废弃物产生量减少了22%。宜家家居始终贯彻绿色物流的理念，家具从工厂以高效、低成本、可持续的方式送达全球商场和物流分拨中心，通过持续探索低碳运输车辆的应用，将餐厨废弃油脂加工成生物柴油调和燃料，用于宜家物流服务车辆，促进和扩大生物柴油的循环利用；宜家家居产品使用的材料均具有可再生、可回收等属性，并对循环材料的使用进行不断探索与创新，以期发挥其最大的循环能力，在生产环节通过提高原材料的使用率，延长产品生命周期，凸显减碳效应，并积极探索回收材料的高效利用模式；此外，宜家家居还参与国家标准《绿色仓储与配送要求及评估》的制定，坚持推广太阳能供电、LED 照明、生物多样性、废水利用和纯电氢能源叉车等，助力行业整体发展。

（五）回收物流体系建设加快

2024年1月，商务部等9部门联合印发的《关于健全废旧家电家具等再生资源回收体系的通知》提出，到2025年，在全国范围内建设一批废旧家电家具等再生资源回收体系典型城市，培育一批回收龙头企业，推广一批典型经验模式，形成一批政策法规标准，全国废旧家电家具回收量比2023年增长15%以上，废旧家电家具规范化回收水平明显提高。

已布局家具家电回收的物流企业，通过开展合作、输出服务方案等方式，建立健全回收物流体系。菜鸟集团与中再资源环境股份有限公司在废旧家电环保处置、再生资源物流供应链、再生资源溯源管理、碳减排路径、大件物流运输服务、绿色物流园区打造、智慧物流建设等多个领域深入合作，共同打造废旧家电绿色供应链循环体系；菜鸟集团在家电"送新取旧"方面的多年布局也为其构建"换新+回收"物流体系奠定了基础。京东依托40多万名员工构建的强大物流配送能力，持续推进送新、拆旧、安装的一体化服务，让消费者"得新汰旧"更无忧，冰箱、电视、洗衣机已经做到送拆装一体化；京东将以往需要多次上门完成的服务流程简化至只需要1~2次，同时消费者可享受"三免四不限"服务，即旧机免费上门、免费拆卸、免费搬运、不限旧机购买渠道、不限品牌、不限年限和不限品相。

（六）加速布局海外市场

随着市场需求的逐渐饱和，国内竞争日益激烈，家居企业积极寻求海外市场的发展机遇，以扩大市场份额，增加销售额和利润。2024年，我国家居企业加快了海外投资建厂的步伐，进一步完善海外制造的布局。海尔智家在泰国春武里规划设计的空调工业园年产能可达600万套，主要生产分体式空调、家庭中央空调、房车空调、移动式空调及窗机等全系列产品，一期工程计划于2025年9月投产。浙江比依电器股份有限公司在泰国罗勇工业园建设的工厂于2025年3月试产，一期产能约300万台，预计达产后总产能将达到700万台，提升其全球供应能力，并优化产品结构。金牌厨柜自2015年起实行国际化战略，海外市场业务已广泛涵盖北美、澳大利亚及东南亚等地区，目前全球品牌专卖店数量超过3000家，在泰国拥有近30亩的生产基地，并在北美设立了东西部中心仓。林氏家居自2018年迈出海外布局的第一步以来，其海外扩张之路稳健而富有成效，在东南亚、北美等地区陆续开设海外品牌"LINSY"门店，目前海外门店数量超过15家，覆盖69个国家；LINSY已在亚马逊、Wayfair、沃尔玛等线上平台搭建全球销售网络，并通过Instagram、YouTube、TikTok等全球社交媒体平台持续与海外消费者互动。

二、2024年家居供应链面临的挑战

（一）原材料价格波动

家居供应链上游的原材料价格波动较大，给企业的成本控制带来一定挑战。以木材为例，2024年受地缘政治、海运费用、天气、政策、能源与劳动力成本等影响，木材价格起伏不定。企业需要密切关注市场动态，采取灵活多样的采购策略以应对价格波动风险。

（二）供应链安全风险

供应链安全风险日益凸显，如自然灾害、地缘政治等因素都可能对供应链的正常运行造成影响。据统计，2024年因供应链安全风险导致的家居企业货物受损、成本增加、延迟交付、降低消费者体验等案例偶有发生。企业需要建立完善的供应链安全风险管理体系，提高供应链的韧性和抗风险能力。

（三）消费者需求多样化

消费者对家居产品的需求日益多样化和个性化，这对家居企业的供应链提出了更高的要求。市场调研数据显示，越来越多的消费者在购买家居产品时更加注重产品的个性化设计和定制化服务。企业需要加强与消费者的互动和沟通，深入了解消费者的需求，提供更加符合市场需求的产品和服务。

三、2025年家居供应链发展展望

随着国家"以旧换新"政策的延续，家居消费需求有望得到进一步的激发和释放，家居行业整体好转并将迎来新一轮恢复性增长的新时期。在机遇与挑战之下，供应链与物流将显得更为重要，加快发展新质生产力，推动行业数智化、绿色化转型，提高服务质量，并积极探索海外市场将是家居企业2025年的重点工作。如何实现上下游、内外部的协同发展，构建更有韧性、更加强劲的供应链，也将成为家居上下游企业共同的期待与关注点。

（一）消费需求继续扩大

随着2025年国家"以旧换新"政策加力扩围到家电、消费电子等更多品类，不仅延续了2024年的8大类家电产品，而且增加了微波炉、净水器、洗碗机、电饭煲等4类家电产品及手机、平板、智能手表等3类数码产品，财政支出规模更大，消费预期更稳定。延续补贴政策还包括支持家装消费换新（如旧房改造、厨卫改造、适老化改造等），势必带动家具、家居、家装的消费需求和业务需求增长。

（二）行业整合趋势越发明显

随着"旧房翻新""以旧换新"等政策的推动，不仅为家居行业带来了新的发展机遇，也伴随着激烈的竞争和"优胜劣汰"。多家家装企业面临生存发展困境。例如，＊ST洪涛退市；皇派家居的上市申请被深交所终止；时代装饰、东易日盛、龙发装饰、欧文橱柜等多家知名企业纷纷传出关闭门店或经销商"跑路"消息。从发展经验来看，对内注重供应链管理，重视整合资源、优化流程，提高库存周转率，实现降本提质增效；对外积极转型、开拓机遇、努力探索，韧性十足的家居企业才能迎来美好的未来。

（三）新质生产力激发新活力

家居行业作为重要的制造业之一，在发展中积极融入新质生产力理念，通过引进智能化设备、提升生产自动化水平，不仅提高了生产效率，还能降低成本，增强市场竞争力。同时，加大研发投入力度，开发具有自主知识产权的新产品，也是家居行业实现转型升级的关键。目前，家居企业将无醛添加、抗菌等绿色技术应用于生产环节，引进掌握新质生产力的人才，推动产品的升级换代和智能制造技术的发展，将科技创新成果融入家居产业和产业链，激发家居企业的发展活力。

中国仓储与配送协会家居供应链分会　刘欣悦、肖立

2024 年物流技术装备发展回顾
与 2025 年趋势展望

一、我国物流技术装备发展回顾

我国现代物流技术装备的发展历程，最早可以追溯到 20 世纪 70 年代，并在 2000—2015 年进入快速发展阶段，这与中国宏观经济的发展、对外开放政策以及电子商务的发展密切相关。2001 年，中国正式加入世贸组织，经济开始进入快速发展期，并深度融入世界经济体系。受此影响，我国物流技术装备行业也进入发展的快车道。数据显示，我国 GDP 从 2004 年的 16.42 万亿元增长到 2024 年的 134.91 万亿元。在此期间，电子商务的快速发展极大地推动了物流技术装备的发展。快递包裹数从 2004 年不足 10 亿件增长到 2024 年的 1745 亿件，高峰日的快递包裹数甚至超过 10 亿件，相当于 2006 年全年的快递包裹数[①]。物流技术装备市场需求从 2004 年的不足百亿元增长到 2024 年的 1200 亿元左右，增长超过 10 倍。

（一）1970—2000 年：起步期和孕育期

1973 年，我国开始研究开发自动化立体库、输送机、自动分拣系统、工业车辆和早期 AGV 等。1985 年，我国通过引进国外技术来推动物流技术装备的发展。以北京起重运输机械研究所和北京自动化研究所为牵头单位，我国物流技术装备开始在一些特殊行业得到应用。1990 年前后，我国开始出现专业的货架企业，并尝试组合式货架。1995 年，自动化物流技术、关键设备（包括立体库、分拣机、输送机、AGV 等）和物流信息系统已经开始应用在烟草、汽车、化工、机场等多个领域。20 世纪 90 年代后期，随着联想、海尔、昆明卷烟厂、杭州卷烟厂等项目的成功实施，我国物流技术装备已经发展到一定的水平，初步完成从 0 到 1 的技术积累。在此过程中，有一批企业逐渐成长起来。其中，北起所、昆船、贵阳普天、邮政三所、上海精星、南京音飞、苏州起重机厂、太原五一机器厂等成为行业的佼佼者。

（二）2000—2015 年：快速发展期

中国加入世贸组织后，国民经济快速发展，物流业迎来了发展的春天。物流技术装备行业涌现出大量的新兴企业，并逐步成长为行业的中坚力量。与此同时，外资企业大举进入中国，不仅带来了先进的技术，而且在促进行业应用扩展方面发挥了至关重要的作用。在这一时期，物流技术装备的国产化得到了蓬勃发展，自动化立体库、输送机、分拣机、AGV、物流信息系统的国产化取得突破性进展，技术水平不断提升。然而，进口品牌仍占据较大优势，

---

① 统计资料显示，2006 年快递量为 10.6 亿件。

尤其是在一些高端应用领域，即使进口品牌的价格是国产的2~3倍，也依然保持较高的市场份额。值得一提的是，电子商务呈现爆发式增长，为中国物流技术装备的发展提供了千载难逢的机遇。2010—2015年，频繁的"爆仓"事件让企业对物流重要性的认知发生了翻天覆地的变化。例如，京东意识到物流对电商发展的根本性制约，因此在2012年开始自建智能化仓库，并命名为"亚洲一号"。电子商务海量的订单增长，为物流技术装备提供了独特的试验场景，同时伴随着大量的资本涌入，中国市场在2014年左右成为全球最大的单一市场。2010年前后，受到亚马逊KIVA机器人的影响，一场以物流机器人为代表的物流技术革命席卷而来。

（三）2015年至今：数字化、柔性化、智能化时代

随着互联网技术和5G技术的不断发展，智能手机的普及大大改变了电子商务的发展走势，物流技术装备开始朝数字化、柔性化和智能化方向发展。受资本关注的影响，各种以智能物流为切入点的新兴企业如雨后春笋般涌现，标志着我国物流技术装备行业进入一个全新的时代。从产品端来看，以移动机器人为代表的物流技术，受到了市场前所未有的欢迎，AGV类产品（包括KIVA、CTU、AMR等不同形式和系列的产品）得到了空前的发展。从创新端来看，我国正逐步进入自主创新的新时代，新技术、新理念层出不穷，尤其是以AGV为代表的物流技术装备，涌现出海康威视、快仓、极智嘉、海柔等一大批新兴企业，彻底改变了传统物流技术装备的市场格局和发展走势。

然而，物流技术装备市场终究只是一个刚过千亿元的小市场（截至2023年，物流技术装备市场规模达到1003.9亿元），无法承受大量资本和人才的涌入，由产能过剩引起的行业内卷不可避免。以AGV为例，在过去20年间，其价格累计下降约80%，这种断崖式降价在行业发展史上实属罕见。

二、2024年物流技术装备发展概况

总体来说，物流技术装备市场需求虽然保持了一定的增长，但是2024年的实际情况未达到预期，行业竞争越发激烈，利润率大幅下降。

在宏观经济方面，尽管我国2024年全年GDP增速达到了5%，但整体经济仍面临较大压力，消费市场持续疲软，企业投资意愿低迷。一方面与国际的大环境有关，地缘政治冲突给全球经济带来巨大冲击，中美贸易摩擦进一步升级，中国经济发展受到强烈冲击，正常的发展节奏被严重打乱；另一方面与我国经济结构的不合理有关，在过去的几十年中，中国经济过度依赖房地产，严重偏离合理区间的房地产价格使正常的经济结构被扭曲，对我国经济的可持续性发展造成了负面影响。

在市场反应方面，中小企业投资意愿降至冰点，部分企业因经营困难陷入亏损甚至倒闭。餐饮、娱乐等行业消费市场处于低迷状态，反映出社会整体消费能力下降。尽管国家出台了各种消费刺激政策，但没有达到预期效果。

长期以来，我国物流技术装备市场需求缺乏权威的统计数据。因此，各种物流技术装备市场评估存在很大差异，统计口径也存在差异。在评估物流技术装备市场的基本走势方面，

叉车（主要是仓储叉车）、货架、托盘是比较敏感的数据，也是比较有代表性的数据。下面以三者的市场发展情况作为基础对行业进行评估。

叉车：根据中国工程机械工业协会工业车辆分会的数据，2024年叉车订单总体增长达到7.0%左右，从117.37万辆增长到125.55万辆。其中，仓储叉车销量增长达到约21.5%，从62.58万辆增长到76.03万辆。这一数据非常亮眼，但需要注意的是，仓储叉车产值增速相对较低，主要原因是增长来自价格比较低廉的托盘搬运车。不过，产值整体增速仍超过10%。与此同时，内燃叉车销量下降10%，反映出中小企业对环保理念的重视已经深入人心。

货架：根据中国仓储与配送协会技术应用与工程服务分会提供的信息，2024年货架销售额增长为7.6%。随着KIVA、AMR、CTU等移动设备的大规模应用，相应的货架需求呈现出快速增长态势。新型货架对设计、生产和安装提出了更高的要求；传统立体库货架（包括AS/RS库、miniload库、托盘穿梭车库、箱式穿梭车库等）的发展在很大程度上受制于安装能力。

托盘：根据中国物流与采购联合会托盘专业委员会提供的信息，2024年的托盘及物流包装需求增长超过10%。其中，头部企业的增长比较明显，塑料托盘、周转箱的比重持续增加。

综合多方的评估和分析，自动化物流设备的增速为12%~15%，市场规模为1150亿~1200亿元。其中，以物流机器人为特征的市场需求增速明显，包括KIVA、AMR、CTU和四向穿梭车等。这一评估与叉车、货架和托盘的增速比较吻合。

2024年，物流技术装备市场规模的年度增长为10%~15%，但价格战愈演愈烈，导致企业利润呈现出明显的下降趋势，造成大量企业利润下滑甚至亏损，尤其是系统集成商承受了巨大压力。

三、2024年物流技术装备发展特点

（一）物流技术取得突破

从2024年汉诺威国际物流展览会的展出情况可以看出，我国的物流技术已取得突破性进展，令人欣喜。物流技术的突破是多方面的。首先是在产品的多样化方面取得突破，包括AI技术的应用、轻量化、自动控制、超高和超重堆垛机、重载AGV、无人叉车、高速分拣系统、A字架自动分拣机、托盘式四向穿梭车和料箱式四向穿梭车等。我国很多产品已经进入国际市场，部分产品的性价比甚至远超国外先进水平。其次是在产品的创新方面也取得了突出成绩，包括CTU、POPpick、分拣机器人和飞箱系统等。在众多的创新产品中，立标飞箱系统独具一格，成为行业耀眼的明星。

（二）企业的集成度有所提升

从企业的销售收入来看，2024年我国物流技术装备企业的集成度呈上升态势，头部企业的优势逐渐显现。其中，诺力超过70亿元（含叉车部分），海康威视超过50亿元（主要是以物流机器人为主），新松机器人超过40亿元（机器人+物流技术装备），今天国际超过30亿元，昆船超过20亿元。由此可以看出，我国物流技术装备企业规模正在向世界一流企业靠

拢。如果按照每年 10% 的增长速度，考虑到企业间的兼并活动，我国在未来 3~5 年将有企业规模突破 100 亿元，进入全球 TOP10 也是完全有可能的。

从单一产品来看，虽然杭叉和合力两家企业在多年前已经进入世界工业车辆的前 10 名（合力第 7 名，杭叉第 8 名），但叉车并未列入自动化物流技术装备范畴（仅包含部分仓储叉车，且出现重复统计）。货架企业（如精星、音飞等企业）也排在全球前 10，德马的滚筒产量早已位居世界前列。

（三）电商需求增量下降

电商作为推动我国物流技术快速发展的引擎，为物流技术的进步作出了卓越的贡献。自 2023 年以来，随着电商业务的增速从超高速急剧下降以后，电商物流技术装备的需求也相应下降。尽管如此，电商物流技术装备的需求仍然占据相当大的比重。随着电商业务的降温，2023—2024 年仓库租金下降显著。据统计，我国仓库租金在 2024 年平均下降幅度超过 20%，有的甚至超过 70%。其原因主要是供给过剩和需求下降两个方面同时挤兑，这需要引起行业的足够重视。

（四）大量企业出现危机

由于市场的激烈竞争，行业利润率急剧下降，大量企业陷入经营困境。2024 年是物流技术装备企业非常困难的一年，尤其是部分以资本扶持起来的企业和盲目低价抢项目的企业（典型的代表是新型机器人企业），出现大量的倒闭现象。这也充分说明，资本不是万能的，在某种情况下，过度依赖资本甚至是有害的。综观过去 10 年，资本大规模的涌入确实为物流技术装备行业吸引了大量的人才，使物流技术装备行业出现了千载难逢的发展盛景。然而，物流技术装备市场本身规模的限制是资本没有充分认识到的，物流市场和物流技术装备市场是两个完全不同量级的市场，前者是万亿元的市场，而后者还处于千亿元的水平。而且物流技术装备市场也与电子商务的商业逻辑完全不同，依靠短期的资本投入，很难带来预期的回报。

有一个现象值得注意，在物流行业高速发展时期，许多头部物流企业和电商企业都纷纷进入物流技术装备行业。经过多年的实践和激烈的市场竞争，这些企业终于认识到物流行业和物流技术装备行业的巨大差异，逐渐失去耐心，已有退出迹象。

对于一个产能过剩的行业，价格战已成为不可避免的市场现象。对企业来说，盈利能力直接关系到企业的生存和发展，其道理是非常浅显的。面对激烈的市场竞争，企业只有不断创新，大幅度降低成本，不断提升自身的核心竞争力，才能在竞争中获得优势。

（五）出海取得一定成效

2024 年是中国物流技术装备企业出海取得丰硕成果的一年。在东南亚、北美、中东、东欧等地区，到处都有中国企业的身影。部分中国企业已经将重点放在发展海外市场，以规避国内的内卷。从目前情况来看，海外物流技术装备市场的规模超过中国本土市场，且呈现出与国内市场截然不同的竞争态势——长期由欧美企业主导，形成高度集中的垄断格局。中国产品在价格、供货周期、服务上具有较大的竞争优势，相信未来的前景将非常乐观。然而，中国企业要全面走向世界，还有很长的一段路要走，其中必定会有很多弯路、困难和波折，还要"交很多学费"。正如一些专家所言，出海并非企业脱困的唯一选择，企业要在品质、服务、技术成熟度、人才等方面均具备条件后，出海才会顺利。出海应是价值出海，而非价格战，如果将价格战打到国外，其后果将难以承受。

四、2025 年未来趋势展望

很多人认为，2025 年将成为全球经济复苏的转折之年，如地缘政治冲突可能会进入谈判阶段、中美关系有望缓和、欧洲与日本的经济会迎来复苏等。对中国来说，若过度依赖外部环境，将会使自身陷入被动。然而，在未来的世界格局中，任何一个国家都不可能封闭起来独自发展，更广泛的交流和开放势在必行。外部环境的任何风吹草动，必然对中国产生影响，从而打乱自身的发展节奏。

摆在中国面前的问题是，面对外部压力和内部经济发展困境，如何重拾信心并找到突破口是关键。对物流技术装备企业而言，持续的内卷何时结束？产能过剩的问题如何解决？这是行业复苏前需要面对的根本问题。

（一）市场将长期保持较高的增速

总体来说，物流需求是刚性的，市场发展仍然会维持较高的速度，可以从以下两个维度去评估物流技术装备市场需求。一是市场的自然增长，按照与国民经济同比例的增长，同时考虑到价格因素，从长远来看，每年 5% 以上（大致在 5%~7%）的增长率是一个健康经济体必须维持的。二是存量市场的更新，物流技术装备的生命周期主要取决于两个方面：一方面是产品和物流技术装备本身的寿命，如货架等钢结构的寿命会超过 30 年、传动设备的使用寿命平均低于 20 年、电气元器件等可能只有 5~6 年，综合评估物流技术装备的生命周期约为 15 年；另一方面是企业对效率提高的需求，包括土地资源优化、技术迭代升级、企业规模扩张等因素，都会使物流技术装备在远没有达到其设计寿命时就要提前更新，根据国内外已经发生的案例情况来看，物流技术装备平均的生命周期约为 12 年。基于此，存量市场的更新需求每年会带来约 8% 的增量。

由此可见，物流技术装备市场从长期来看，将保持 12% 以上的增量。这也解释了过去 20年全球物流技术装备市场需求一直保持较高增长的原因。具体到未来市场机会，首先，制造业物流将是增长的重点，我国是全球第一大制造业国家，占全球制造比重达到 30% 以上。随着中国高端制造业的兴起，对智能物流的需求是刚性的，尤其是汽车、轮胎、高铁、飞机、电子、化工、生物医药制造等对物流的需求将占主导地位。其次，流通领域将在电子商务、海外仓等方面有比较大的机会，电子商务在经过一轮长达 20 年的野蛮增长后，其增长速度已经逐渐降低到理性区间，但体量巨大，绝对增量仍然非常可观。随着业务量的增长和用工短缺的问题日益突出，自动化物流仓储装备的需求仍然是旺盛的。

（二）技术发展方向仍然是数字化、柔性化、智能化

物流技术发展到了一个新的关口，影响这个关口的外部因素主要是人工智能（AI）和高

质量制造。

首先，AI将对行业产生全方面革命性的影响。从现有AI技术所展现出来的强大能力来看，AI将深刻影响物流技术的发展，无论是新产品研发，还是物流系统设计、数字孪生、自动控制以及信息系统。虽然目前尚不清楚AI将以何种形式或程度影响物流技术的发展，但仅从现有的认知来看，AI至少展现出以下的优越性。在新产品研发和设计方面，AI强大的知识库能力将给研究人员提供强大的产品设计支持，其背后的隐藏技术包括多技术比较、超出人类思维能力的拓扑结构构思、行业最新知识的积累、有限元分析、动态仿真等。AI不仅可以辅助人类完成超出想象的创新设计方案，还可以大幅度缩短新产品设计所需要的时间，其设计速度是人工设计的几十倍甚至几百倍。基于统一的知识库，人类的设计水平将迅速达到一个前所未有的新高度，技术和产品的迭代将过去低效的个人或局部的自我迭代（时间以年、月来计算）转变为高效的社会性的群体迭代（时间以天来计算）。在软件开发方面，AI将辅助人类完成更高质量的编程工作。AI提供的代码将从根本上消除现有人员不可避免的逻辑漏洞，并将大幅度提高代码的效率、规范性和可读性，并消除人与人之间由于技术、经验、能力、个性化等带来的差异，从而使系统运行的稳定性和可靠性达到前所未有的高度。除此之外，AI还能大幅提升系统集成能力和项目管理能力等，并在设计规划、风险管理、时间管理、项目排程、会议管理等方面发挥巨大作用。AI对于售后服务具有划时代的意义，主要表现在现场监测、预警、故障定位、备件管理等方面的卓越能力。

其次，高质量制造不仅会对物流技术装备本身产生深远的影响，而且会促进产品的升级迭代，从而加快物流技术的发展。如果没有高质量制造，很多创新设计可能无法实现，生产效率无法满足市场需求，生产成本也无法控制，最终导致产品迭代缓慢，难以实现市场应用。

谈论未来物流技术的发展，数字化、智能化、绿色化、柔性化、标准化等只是趋势和结果，其背后的支撑或许都是AI技术。过去提到的软件定义物流技术，也涵盖在AI的范畴之内。而高质量发展将推动中国制造业迈向一个新的高度。具体到技术与产品，多样性和系列化是主要发展趋势，可以预见到以下情形：除了传统的托盘式自动化立体库外，更加柔性化的产品，如AGV（具有堆高能力的货叉式AGV）、托盘四向穿梭车（尤其是天地一体化的穿梭车产品，可以在地面行走、攀爬的穿梭车机器人）等将迎来更大的市场机会，更大的密度、更高的空间利用（高度超过24米的立体库）、更快的处理能力都将是发展方向；随着拆零业务的快速扩大，箱处理有关的技术应用将会大幅度增加，包括miniload、货到人拣选技术（如穿梭车技术、CTU技术等）、自动分拣设备等；人形机器人将会给物流行业带来惊喜；自动装卸技术将会成为物流领域最后被攻克的难题；软件作为物流系统的灵魂，将会发挥越来越重要的作用，也将得到更大的发展机会。

（三）企业整合势在必行

截至2023年，中国物流技术装备（含系统供应商）上市企业已近20家，营收超过350亿元的企业（部分企业有其他业务）约占全部市场的35%。中国物流技术装备企业整体效率低下，人均产值总体维持在100万~200万元，利润更是少得可怜，而全球的头部企业的人均产值已达到300万元以上（有的超过500万元），其利润也是中国企业的几倍甚至几十倍。

此外，中国物流系统企业的集成度远低于全球顶级的物流系统企业。以日本大福为例，仅其一家企业 2023 年的收入就达到约 45 亿美元（折合人民币约 320 亿元），几乎相当于中国前 20 名物流系统企业的收入总和。据不完全统计，中国从事物流系统集成的企业超过 300 家，而从事设备制造、零部件制造的企业更是超过 3000 家。行业参与者过于分散，是导致企业研发投入不足、重复投入增多、重大创新匮乏的根本原因，但要改变这一状况却并非易事。

从短期来看，2025 年或许是物流技术装备行业取得新突破的一年。经过两年的低迷期，行业已经汇聚了足够的势能，正等待市场的积极回应。然而，激烈的市场竞争仍将持续，在未来的一年中，将会有更多的企业面临挑战——被兼并或破产。当然，也会不断有新企业加入，正所谓"野火烧不尽，春风吹又生"。物流技术装备企业势必走上整合发展的道路，通过整合实现做大、做强，这是世界上所有大型企业发展壮大的必由之路。若干年后，物流技术装备行业格局将趋于集中：对物流系统集成商而言，前 20 名物流系统集成商将占据 70% 以上的市场份额；对主要设备供应商而言，如货架、堆垛机、分拣机、AGV 等设备，前 10 名设备供应商将占据 80% 以上的市场份额。唯有如此，中国才能出现像大福和德马泰克一样的全球顶级企业。

对大多数企业而言，出海将是 2025 年的主要发展方向之一。海外市场潜力巨大，为中国企业提供了广阔的发展空间。但是，中国企业在集体出海的过程中，需要注意市场风险，包括产品质量、知识产权、语言、环境、人才等方面的问题所带来的风险。此外，塑造中国良好的品牌形象，是每一家中国出海企业的义务和职责所在，断不可因自身的不负责任而影响整个中国企业的品牌形象。

中国仓储与配送协会技术应用与工程服务分会会长、

北京伍强科技有限公司董事长　尹军琪

2024 年自动分拣行业发展回顾
与 2025 年展望

一、2024 年自动分拣行业发展回顾

（一）行业市场规模

2024 年，随着电子商务的稳步发展和制造业对高效生产流程的需求，自动分拣系统作为提高物流效率、降低人力成本的关键技术，市场需求持续扩大，中国自动分拣行业呈现出稳步增长的态势。数据显示，2024 年中国智能物流装备市场规模约为 1166.8 亿元，年增长率达到 16.2%。其中，中国自动分拣行业市场规模约为 360 亿元，年增长率达到 12.5%，高于全球平均增长水平（约 7.1%[①]）。

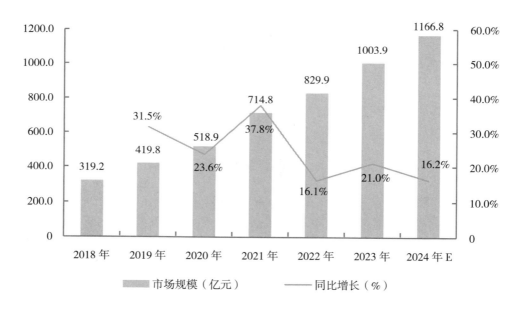

图 1　中国智能物流装备市场规模

资料来源：CIC 灼识咨询、招商证券。

[①]　数据来源：贝哲斯咨询基于历史发展趋势和现有数据并结合全方位的调查分析。

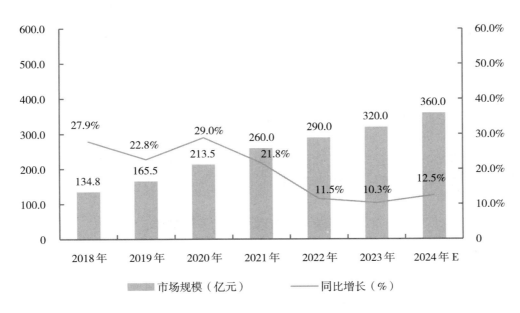

图 2　中国自动分拣行业市场规模

资料来源：国家邮政局、中国产业信息网、智研咨询及网络搜集。

（二）行业发展特征：从爆发式增长到结构性调整

得益于电商快递需求的强劲驱动，2018—2021 年中国自动分拣行业经历了爆发式增长阶段，市场规模年均增长率超过 25%。目前，行业正逐步迈入一个以技术升级和设备更新为核心的结构性调整阶段。

2024 年，中国自动分拣行业在政策引导、技术革新与需求端变化的共同助推下，正朝着产品效率提高、新兴技术与新产品的高效融合应用、头部企业加速资源整合的方向发展。

表 1　中国自动分拣行业发展阶段

阶段特征	时间范围	驱动因素	代表事件
爆发式增长期	2022 年前	电商快递业务量激增（年均增速超 20%）；用自动化设备替代人工作业需求的集中释放	2018 年，"双 11"的单日快递量达 4.16 亿件，倒逼分拣作业自动化升级；自动分拣行业市场规模从 2018 年的 134.8 亿元增至 2021 年的 260 亿元（CAGR 为 24.5%）
结构性调整期	2022—2024 年	存量设备更新周期启动；制造业自动化渗透加速；包裹的破损率、设备的节能性等，成为输送分拣设备领域探索和突破的方向	2022 年，自动分拣行业市场规模为 290 亿元，增速降至 11.5%；苏州金峰、中科微至、中邮科技等行业头部企业重点推进多元化分拣系统产品和解决方案的交付与应用，如高速交叉带分拣系统、NC 交叉带分拣系统、直线窄带分拣系统等

资料来源：各企业官网及网络搜集整理，具体精确数据以各企业的正式发布为准。

（三）行业技术创新：从单一效率竞争转向"效率—能耗—可靠性"三维性能优化

2024 年，自动分拣行业经历了一场深刻的技术创新变革。自动分拣行业不再局限于单一的作业效率竞争，而是开始转向"效率—能耗—可靠性"三维性能的全面优化。在这一趋势的推动下，各企业纷纷加大研发投入，在提升分拣系统处理速度的同时，也注重降低能耗，提高设备运行的可靠性。这种转变不仅满足了市场对高效、绿色、稳定的分拣解决方案的迫切需求，也推动了自动分拣行业朝更加高端、智能、可持续的方向发展。

表 2　中国自动分拣行业技术/产品创新方向

技术/产品创新方向	技术说明
效率	超高速分拣（≥3.5m/s）及高精度条码识别技术； 研发模块化分拣线体，项目施工周期速度大幅提升
能耗	节能型电动滚筒驱动系统； 应用永磁同步电机技术，传动能耗降低 20%
可靠性	核心分拣机的故障率控制在 0.5% 以内，支持 7×24 小时连续作业； 视觉技术、驱动技术的升级优化，元器件的稳定性提升

资料来源：网络搜集整理。

2024 年，自动分拣行业出现了以 NC 分拣机、直线窄带分拣机和双侧翻盘分拣机为核心代表的新产品，这三款产品各具特色，共同推动自动分拣技术迈向更加高效、智能、可靠的未来。

表 3　2024 年自动分拣行业核心代表产品

产品	产品特点
NC 分拣机	针对不同行业的包裹外形，可配置不同的输送带型号，包括月牙型、小方格型等，从而适应圆滚件、超小件等； 满足异形件的高速分拣需求； 采用了模块化设计，便于客户日常维护
直线窄带分拣机	实现大小件共分，提高了整体分拣效率； 分拣效率最高可以超过 1 万件/小时，最大分拣重量达 60 千克； 采用了模块化设计，拥有两个不同的版本，分别为传统减速电机配链条和直线电机驱动，前者成本更低，后者分拣效果更好
双侧翻盘分拣机	更为经济，可以根据客户需求调整分拣速度，双区供包的分拣效率最高可以超过 2 万件/小时，最大分拣重量达 10 千克； 可以实现双侧分拣，适合作为电商快递分拨中心内对于异形件、轻飘小件分拣的补充

资料来源：网络搜集整理。

（四）行业竞争：从价格竞争到价值突围

近年来，自动分拣市场已经从蓝海陷入红海之中，各头部企业开始采用不同的价格策略，同时也积极朝着价值突围的方向发展。

表 4　自动分拣行业头部企业价格竞争及价值突围策略

企业名称	价格竞争应对措施	价值突围核心策略
苏州金峰	实施差异化定价策略，优化供应链管理	大力开拓海外高端毛利市场（如日韩、欧美、东南亚等）；加大研发力度，开发可满足海外市场需求的新产品、新技术（如直线窄带分拣机、3D Sorter 分拣机、双侧翻盘分拣机等）
中科微至	通过规模化生产，降低成本，提升性价比	加大 AI 视觉识别、机器人分拣等核心技术研发投入；拓展东南亚及欧洲市场，成立匈牙利、德国子公司
中邮科技	压缩非核心环节成本	聚焦新能源、冷链等高附加值场景定制化方案；推动"智能化+模块化"分拣设备升级
科捷智能	推出平价产品线，抢占市场份额	布局跨境物流自动化系统，整合"仓储—分拣—配送"全链；与头部电商签订长期服务协议
德马科技	创新业务模式（如租赁模式、分期付款等）	开发绿色节能分拣设备，符合 ESG 政策导向；加大核心零部件的开发与应用

资料来源：各企业官网及网络搜集整理，具体精确数据以各企业的正式发布为准。

（五）国际化进程：从本土竞争到全球竞合

在全球自动分拣市场中，众多企业竞相角逐。海外头部企业凭借先发优势，依托先进的技术实力和广泛的市场布局，已然在全球市场中占据了举足轻重的地位。这些企业的产品线丰富多样，能够满足不同客户、不同领域的多元化需求。

与此同时，中国企业近年来发展迅猛，在国际市场中崭露头角，凭借价格优势和卓越的产品性能，在海外中低端市场迅速扩大市场份额。随着中国企业不断走出国门，可以深刻地体会到中国市场与国际市场存在着显著的差异性。

表 5　海外各区域市场需求特征

区域	需求行业	市场特征	代表客户
东南亚	电商和第三方物流企业	需求集中于电商物流自动化升级，客户更关注作业效率、产品和方案的性价比	Lazada、Shopee

续表

区域	需求行业	市场特征	代表客户
日本、韩国	邮政快递、电商、冷链物流	市场更注重产品的技术标准； 对于分拣货物的包装提出了破损率的要求； 注重人机友好交互、方便操作、维护便利等； 适应狭小仓储空间的高密度布局自动分拣系统	雅玛多、亚马逊日本、雅虎电商、日冷物流、Coupang
美洲	电商快递、商超	北美市场偏好智能仓储系统集成； 南美市场注重基础分拣设备部署	亚马逊、联邦快递、沃尔玛
欧洲	医药冷链和汽车供应链	德国、荷兰等高端市场对技术认证要求严格	DHL、Ocado、亚马逊欧洲、OZON
其他区域	机场、农产品	中东地区关注机场物流自动化； 澳大利亚侧重农产品分拣设备定制化需求	—

资料来源：网络搜集整理。

二、2025 年自动分拣行业展望

（一）AI 技术革命：赋能自动分拣行业，多维度提质降本

近年来，AI 技术迎来了飞速发展，ChatGPT、DeepSeek 等代表性的 AI 技术为自动分拣行业带来了新的机遇。AI 技术凭借深度学习算法的强大分析能力，结合自动化技术精准的执行能力，为企业量身打造了涵盖数据收集、分析和决策执行的全链条智能化方案。

初步的行业实践显示，AI 技术在实时监控、预警设定和全局调控等方面正迎来新突破。借助深度学习算法，系统能实时追踪各场地运输与分拣设备的运行状态，包括处理量、能耗和关键节点物流数据等，确保分拣线的流畅高效。此外，算法还能预测设备故障趋势，提前发布维护预警，这种前瞻性的维护策略不仅缩短了因故障导致的停机时间，还延长了设备的使用寿命，有效降低了维护成本。

展望未来，随着 AI 技术的持续发展，将推动 AI 技术在自动分拣领域的不断升级与优化，以更尖端的深度学习与自动化技术，为企业提供更为智能化、高效化的系统性解决方案，加快自动分拣行业的智能化转型步伐。

（二）行业全球化展望：双轮驱动策略，打造国内国际双循环业务模式

国内市场深耕战略：强化技术基础与生态体系。在国内，企业持续加大研发投入，通过提升产品性能与稳定性、深化核心技术应用，开发出满足海外多元市场需求的差异化产品。同时，向上游拓展至核心传感器与零部件的自主研发，向下游与客户系统深度整合，形成"设备+软件+服务"的综合解决方案，在国内市场进行不断打磨和升级，整体提升国内企业

的全球竞争力。

全球化拓展路径：差异化布局与本土化运营。实施区域市场分级策略。针对欧美高端市场，聚焦智能化升级需求，推广 AI 视觉分拣与数字孪生系统，采用高附加值的市场策略，拓宽市场份额；在东南亚等新兴市场，提供高性价比的模块化分拣设备，通过"设备租赁+技术培训"模式降低准入门槛，复制中国电商物流成功经验。此外，可在海外设立办事处或与当地企业建立长期合作关系，组建本土化技术团队，完善本土服务体系，确保为当地客户提供更加优质的产品和服务。

金峰集团　蔡熙、刘登峰

第二部分

行业研究探索

从信息化到智慧化：智慧物流
系统发展变革路径与趋势

在当今快速发展的时代，物流行业正经历着深刻的变革。从最初的人工操作、传统运输，到如今融入先进科技，物流行业正在不断进化。信息化、数字化、智能化、数智化和智慧化等概念相继涌现，不仅代表着技术的升级，更推动着物流行业运作模式和管理理念的革新。以智慧物流发展为主线，深入剖析这些概念的区别与联系，以及智慧物流系统在不同阶段的发展变革路径与趋势，对物流行业把握未来方向、提升竞争力意义重大。这不仅有助于物流企业优化运营、降低成本、提高服务质量，还能推动整个物流行业向更高水平迈进，适应经济社会发展的新需求。

一、信息化、数字化、智能化、数智化和智慧化的内涵解析

（一）信息化：物流信息的基础构建

信息化是通过计算机、通信和网络等信息技术手段，将各种信息资源组织、处理、传递和利用的过程。在物流领域，信息化的核心是搭建信息系统，实现物流信息的记录、存储、传输和共享。可以说，现代物流就是随着信息化的发展而催生的。古代没有物流概念，只有仓储、运输等割裂的物流功能性作业。信息的链接可以对物流全链路进行信息沟通，进而计划与控制，让割裂的物流功能性作业连接起来形成系统，从而产生了现代物流。

现代物流也是随着信息化发展而不断发展变革的。例如，企业构建的物流管理信息系统，涵盖订单管理、库存管理、运输管理等模块。订单管理模块可实时记录订单的生成、修改和发货状态；库存管理模块能精准监控库存数量、出入库记录；运输管理模块可跟踪货物的运输路线、预计到达时间等信息。通过模块之间的协同运作，企业能够实时掌握物流各环节的动态，实现信息在企业内部各部门以及与合作伙伴之间的流通，从而提高物流运作的效率和准确性。信息化侧重于业务流程的线上化，主要依赖计算机系统和网络技术，需要关注数据的记录和计算，在现有的业务逻辑基础上进行提速和优化。

（二）数字化：物理物流世界的数字映射

数字化是将模拟信号或复杂多变的信息资料转化为数字信号的过程，是信息化的高级阶段。信息化与数字化的根本区别就在于物流系统能否自动采集和处理信息。随着物联网技术的应用，当物流系统可以自动采集与处理信息的时候，信息化就发展到了数字化阶段。

在物流行业，数字化是把物流活动中的各种信息，如货物的属性、运输车辆的状态、仓

库的布局等，转化为数字形式进行存储、处理和传输。例如，将纸质的物流单据转化为电子文档，利用传感器将货物的位置、温度、湿度等物理信息转化为数字信号。通过数字化，物流信息能够更高效地被计算机处理和分析，实现信息的精准复制和广泛共享。数字化更关注数据的分析和挖掘，借助数据挖掘、机器学习等先进技术手段，为后续的智能决策和业务优化提供数据基础。

（三）智能化：物流决策的自主执行

智能化是通过引入先进的算法和人工智能技术，使物流系统能够自主学习、分析并做出决策的过程。数字化与智能化的区别：如果物流系统信息数字化处理后还需要由人来决策，就表示物流系统仍然停留在数字化阶段；如果物流系统能够参与决策，就表示物流系统已经进入智能化阶段。

在物流场景中，智能化体现在多个方面。例如，智能仓储系统中的自动导引车（AGV）能根据预设的程序和实时的环境信息，自主规划行驶路径，完成货物的搬运任务；智能分拣系统利用图像识别技术和机器人手臂，能够快速准确地对货物进行分类和分拣；智能运输调度系统可根据实时路况、车辆状态和订单需求，自动优化运输路线和车辆调配方案。智能化赋予物流系统感知能力、记忆能力、思维能力、学习能力、自适应能力和行为决策能力等，通过智能化技术优化和重构业务模式和服务方式，体现出技术的自我演化，是更高层次的应用。

（四）数智化：数据与智能的深度融合

数智化是数字化与智能化的深度融合，并在数字化的基础上，利用智能算法对数据进行深入分析、解释和利用，实现数字智能化；同时，把人类的知识与智能数字化嵌入物流系统，辅助物流系统决策，最终实现数字智能化与智能数字化融合。

在物流行业，数智化强调数据驱动的智能决策和业务优化。例如，电商物流企业通过对数以亿计的用户购买行为数据、商品销售数据、物流配送数据进行深度挖掘和分析，运用机器学习算法预测不同地区、不同时间段的商品需求，从而提前调整库存布局，优化配送路线。数智化不仅关注数据的转换和整理，更注重数据的深度挖掘和智能决策，将数据转化为有价值的信息和知识，并基于这些信息和知识进行决策和行动，实现业务流程的高效、智能。

（五）智慧化：物流生态的全面协同

智慧化是物流行业发展的高级阶段，不仅是技术的应用，更是一种理念和生态的构建。智慧物流通过大数据、云计算、智能硬件等智慧化技术与手段，实现物流系统思维、感知、学习、分析决策和智能执行等能力全面提升，达成整个物流系统的智能化、自动化水平的飞跃，让物流系统具有自我学习与训练提升。智慧物流具有互联互通、数据驱动、深度协同、高效执行等特点。所有物流要素互联互通并且数字化，以"数据"驱动一切洞察、决策、行动；跨集团、跨企业、跨组织之间深度协同，基于全局优化的智能算法，调度整个物流系统中各参与方高效分工协作。例如，在一个智慧物流生态中，供应商、生产商、物流企业、零售商和消费者通过统一的信息平台紧密相连，实现信息的实时共享和协同运作。各方能够根据市场需求的变化，快速做出响应，共同优化供应链流程，提高整体效益。

二、智慧物流系统在不同阶段的发展变革路径

（一）信息化阶段：物流信息系统的搭建与普及

在物流信息化阶段，企业主要致力于物流信息系统的搭建。早期的物流信息系统相对简单，功能主要集中在订单处理和库存管理。随着技术的发展，运输管理系统、仓储管理系统等逐渐普及。这些系统实现了物流业务流程的线上化，提高了信息传递的速度和准确性。例如，通过 TMS 系统，企业可以实时跟踪货物的运输状态，及时调整运输计划；WMS 系统能有效管理仓库的货物存储和出入库操作，提高仓储空间的利用率。信息化阶段为物流行业的发展奠定了数据基础，使物流企业能够对业务数据进行记录和初步分析，为后续的发展提供了支持。但这一阶段的物流系统主要是对传统业务流程的电子化复制，缺乏对数据的深度挖掘和智能应用。

（二）数字化阶段：物流数据的深度挖掘与应用

进入数字化阶段，物流企业开始注重对物流数据的深度挖掘和应用。大量的传感器、物联网设备被应用到物流环节中，实现了物流数据的全面采集。例如，在运输车辆上安装 GPS 定位设备、温度传感器、湿度传感器等，能够实时获取车辆的行驶位置、货物的运输环境等数据；在仓库中部署智能货架、电子标签等设备，实现对货物库存的精准管理。

（三）智能化阶段：物流作业的自动化与自主决策

智能化阶段是智慧物流发展的关键阶段，物流作业实现了自动化和自主决策。在仓储环节，自动分拣设备、AGV、机器人手臂等自动化设备广泛应用，大大提高了仓储作业的效率和准确性。在运输环节，智能调度系统根据实时路况、车辆状态和订单信息，自动规划最优运输路线，实现车辆的智能调配。一些先进的物流企业开始探索自动驾驶技术在物流运输中的应用，进一步提高运输的安全性和效率。此外，机器学习、人工智能等技术在物流预测、风险预警等方面也得到了广泛应用。通过机器学习算法，对大量的物流数据进行学习和训练，建立预测模型，提前预测物流需求、设备故障等情况，为企业的决策提供支持。在智能化阶段，物流系统能够自主感知、分析和决策，减少了对人工的依赖，提高了物流运作的智能化水平。

（四）数智化阶段：物流全流程的智能优化与协同

数智化阶段强调物流全流程的智能优化与协同。在这一阶段，物流企业通过构建一体化的智能物流平台，实现了物流数据的全面整合和共享。智能物流平台利用大数据、人工智能、云计算等技术，对物流全流程进行实时监控和智能分析，实现了物流资源的优化配置和业务流程的智能协同。例如，在供应链协同方面，智能物流平台能够实时获取供应商、生产商、物流企业和零售商的库存、生产、运输等信息，通过智能算法进行分析和优化，实现供应链各环节的协同运作，降低库存成本，提高供应链的整体效率。在客户服务方面，利用自然语言处理技术和智能客服系统，实现对客户咨询和投诉的快速响应与处理，提升客户满意度。在数智化阶段，

物流企业能够实现从传统物流向智能物流的转型升级，提高企业的核心竞争力。

（五）智慧化阶段：构建智慧物流生态体系

智慧化阶段是智慧物流发展的高级形态，旨在构建一个全面协同、高效运作的智慧物流生态体系。在这个生态体系中，物流企业、供应商、生产商、零售商、金融机构、政府部门等各方通过数字化平台紧密相连，实现信息的实时共享和业务的深度协同。例如，通过区块链技术，实现物流信息的不可篡改和可追溯，增强各方之间的信任；利用智能合约，自动执行物流交易中的各项条款，提高交易的效率和安全性。智慧物流生态体系还注重绿色环保和可持续发展，通过应用新能源技术、优化物流包装等方式，降低物流活动对环境的影响。此外，智慧物流生态体系还能根据市场需求的变化和技术的发展，不断进行自我优化和创新，实现物流行业的高质量发展。

三、智慧物流系统发展变革的趋势

（一）技术融合趋势：多技术协同推动智慧物流创新发展

智慧物流系统将呈现出多技术融合的发展趋势。大数据、人工智能、物联网、云计算、区块链等技术将相互协同，共同推动智慧物流的创新发展。大数据为人工智能提供丰富的数据资源，使其能够学习和分析物流业务中的各种模式和规律，实现更精准的预测和决策；物联网实现物流设备和货物的全面感知和互联互通，为大数据采集和人工智能应用提供基础；云计算为海量物流数据的存储和处理提供强大的计算能力；区块链可以保障物流信息的安全性和可信度，促进物流各参与方之间的协同合作。例如，在智能仓储中，利用物联网技术实现货物和设备的实时感知，通过大数据分析优化仓储布局和货物存储策略，借助人工智能实现自动化设备的智能调度和协同作业，运用区块链技术确保仓储信息的安全共享。这种多技术融合的发展趋势将使智慧物流系统更加智能、高效、安全。

（二）绿色发展趋势：可持续理念贯穿智慧物流全过程

随着全球对环境保护的关注度不断提高，绿色发展将成为智慧物流系统发展的重要趋势。智慧物流将在各个环节融入可持续发展理念，从运输工具的选择、物流包装的设计到物流设施的建设，都将朝着绿色环保的方向发展。在运输环节，新能源车辆将得到更广泛的应用，如电动货车、氢燃料电池货车等，以减少碳排放；同时，通过智能调度和优化运输路线，降低能源消耗。在物流包装方面，将推广使用可降解、可回收的环保包装材料，减少包装废弃物对环境的污染；利用人工智能优化包装设计，实现包装材料的轻量化，降低包装成本和资源消耗。在物流设施建设中，采用节能设备和技术，提高能源利用效率，建设绿色物流园区和仓库。绿色发展趋势不仅符合社会发展的需求，也将为物流企业带来新的竞争优势。

（三）个性化服务趋势：满足客户多样化物流需求

市场竞争的加剧和客户需求的日益多样化，让个性化服务成为智慧物流系统发展的必然趋势。智慧物流系统将借助大数据分析和人工智能技术，深入了解客户的需求和偏好，为客户提供定制化的物流解决方案。例如，针对电商客户，根据其销售数据和客户评价，提供个性化的仓储和配送服务，包括优先配送、定时配送、上门安装等；针对生产企业，根据其生产计划和供应链特点，提供定制化的物流供应链管理服务，包括原材料采购、生产物流、成品配送等环节的优化。此外，智慧物流系统还将通过智能客服和客户反馈机制，及时了解客户的需求变化，不断调整和优化服务内容，提高客户满意度。个性化服务趋势将使物流企业能够更好地满足客户的需求，提升客户忠诚度，增强企业的市场竞争力。

（四）全球化趋势：智慧物流助力全球供应链协同发展

随着经济全球化的深入发展，智慧物流将打破地域限制，实现全球范围内的物流资源整合和协同运作，助力全球供应链的高效协同发展。物流企业将通过建立全球物流网络和信息平台，实现货物的跨国运输、仓储和配送；利用大数据和人工智能技术，优化全球供应链的布局和运作，提高供应链的响应速度和灵活性。例如，通过智能物流平台，实时监控全球货物的运输状态和库存情况，根据市场需求及时调整供应链策略；利用区块链技术实现全球供应链信息的共享和信任，促进国际贸易的便利化。全球化趋势将使物流企业能够在全球范围内配置资源，拓展市场，提高企业的国际竞争力，并推动全球物流行业的一体化发展。

（五）人才需求趋势：培养复合型智慧物流专业人才

智慧物流系统的发展对人才提出新的需求，培养复合型智慧物流专业人才将成为未来的重要趋势。智慧物流涉及物流、信息技术、人工智能、数据分析等多个领域，需要既懂物流业务又具备相关技术知识的复合型人才。这些人才不仅要熟悉物流运作的流程和管理方法，还要掌握大数据分析、人工智能算法、物联网技术等先进技术的应用，并能够运用技术手段解决物流实际问题。为了满足这一人才需求，高校和职业教育机构将加强相关专业的建设和课程设置，培养适应智慧物流发展的专业人才；物流企业也将加大对员工的培训力度，提升员工的技术水平和业务能力。此外，企业还将积极引进跨领域的专业人才，组建多元化的团队，推动智慧物流的创新发展。

信息化、数字化、智能化、数智化和智慧化在智慧物流系统的发展进程中，既各自独立，又紧密相连、层层递进。从最初信息化阶段物流信息系统的搭建，到数字化阶段对物流数据的深度挖掘，再到智能化阶段物流作业的自动化与自主决策，进而在数智化阶段实现物流全流程的智能优化与协同，最终在智慧化阶段构建全面协同的智慧物流生态体系，每一个阶段都为物流行业的发展带来质的飞跃。

展望未来，智慧物流系统将沿着技术融合、绿色发展、个性化服务、全球化以及培养复合型人才等趋势不断前行。技术融合推动智慧物流创新发展，绿色发展理念贯穿物流全过程，个性化服务满足客户多样化需求，全球化助力全球供应链协同，复合型人才为智慧物流发展提供智力支持。物流企业应紧跟这些趋势，积极引入先进技术，优化业务流程，加强人才培养，以适应市场的变化和竞争的需求，在智慧物流的新时代中实现可持续发展，为经济社会的发展作出更大的贡献。

中国仓储与配送协会副会长、专家委员会主任　王继祥

《中国绿色仓储与配送行动计划》
十年回顾

在全球积极应对气候变化、大力倡导可持续发展的时代背景下，绿色物流成为物流行业发展的必然趋势。早在 15 年前，中国仓储与配送协会便敏锐地关注到绿色物流领域，并深入研究各国推动绿色物流发展的成功经验，为后续行动奠定了坚实的基础。2014 年初，在商务部的指导下，中国仓储与配送协会正式提出《中国绿色仓储与配送行动计划》（以下简称"行动计划"）。这一具有里程碑意义的举措，为中国绿色仓储与配送的发展指明了方向。10 年来，各方围绕该计划不懈努力，在实践中探索前行，取得了丰硕成果。

一、行动计划从何而来

（一）落地实施是根本

中国发展绿色物流有以下三种态度：一是空谈理论型，只停留在理论探讨层面，缺乏具体的实施路径，尽管论述逻辑严谨，但实际操作中常陷入"知易行难"的困境，无法转化为可执行的行动方案；二是表面功夫型，虽然投入资金开展宣传推广工作，但是没有建立系统的方法措施，不注重市场机制，缺乏可持续性，难以获得实质性成果；三是务实推进型，注重落地实施，制订绿色物流行动计划，研究落地实施的重点措施，绘制绿色物流发展的路线图，注重绿色发展的可持续性，真正体现绿色物流发展的宗旨。

（二）全球调研找措施

基于落地实施的宗旨，中国仓储与配送协会聚焦绿色物流，开始全球调研，总结归纳各国政府及行业推动绿色物流发展的成功经验。主要调研欧盟 Citylog 城市物流工程绿色物流新模式、日本绿色物流国家政策与资金扶持模式、美国 SmartWay 与超级卡车计划、亚洲清洁中心绿色货运计划、交通运输部组织的绿色货运行动计划等。经过全球调研与总结归纳，找到了中国发展绿色物流的行动路线图。

（三）系统方案是路径

在检索查阅大量的专家文献时，发现大多数研究都偏于理论，缺乏具体的落地实施方法。同时，通过调研国内众多企业，发现很多企业创新实践了大量的绿色物流发展措施，研发了许多绿色物流技术与装备，并探索出多种绿色物流发展新模式，但这些企业发展绿色物流时只聚焦于自身的领域与特长，相关措施方法没有形成完整的体系，还需要总结归纳。因此，在全面调研的基础上，通过总结归纳，行动计划系统地提出绿色物流的市场机制、工作重点和技术措施。

（四）总结提升重在实践

在商务部流通发展司等有关部门的指导下，中国仓储与配送协会提出《中国绿色仓储与配送行动计划》，是中国第一份全面系统的绿色物流具体行动方案。围绕这一方案，在实践中不断总结经验，并进行完善，再回到实践中去检验。

二、行动计划主要内容

2014 年初，《中国绿色仓储与配送行动计划》正式发布，明确了三大市场机制、四个工作重点和十项技术措施。

（一）三大市场机制

一是市场传导机制，促使企业在市场竞争压力下主动采取绿色行动。二是后市场机制，通过延伸产业链，促进资源的循环利用和再制造。三是碳交易评估与交易机制，为企业碳排放提供量化标准和交易平台，激励企业减排。

（二）四个工作重点

绿色物流重点工作包括物流设施、物流作业、物流管理、物流包装等四个方面，构建了覆盖物流全环节的绿色发展体系，形成了完整的绿色物流解决方案。一是通过标准先行推动物流设施绿色化，并制定绿色仓库要求与评价的相关标准。二是物流作业低碳化转型，根据当前国家部委发布的企业绿色采购文件，推出配合绿色采购的中国绿色物流技术装备产品推荐目录，重点降低物流作业环节的技术装备能耗与排放。三是推动物流管理模式绿色化发展，利用数字化与智慧化手段，创新共享物流模式。四是构建物流绿色包装解决方案，涵盖包装材料选用、循环利用等。

（三）十项技术措施

技术措施包括仓库屋顶光伏发电、标准托盘循环共用、生鲜蔬果标准周转箱循环共用、城市物流共同配送、干线运输运力资源整合模式、推广新能源叉车、推广新能源重卡与节能重卡、智慧能源管理、仓库 LED 照明系统更新改造、库架一体的智能冷库等，全方位推动绿色化发展。

三、行动计划取得成果

（一）构建标准体系建设

标准体系的制定与不断完善，是行动计划的核心工作。在总结实践经验的基础上，中国仓储与配送协会正在积极推进绿色仓库标准的国际化进程，致力于与 ISO 国际标准化组织接洽，将绿色仓库标准纳入国际标准体系。目前，绿色仓库标准已经得到了国际权威绿色建筑标准的认可。围绕绿色仓储与配送的解决方案，逐步构建完善的绿色仓配评价体系。在设施绿色化领域，行业标准《绿色仓库要求与评价》（SB/T 11164-2016）规范了绿色仓库的建设和运营要求；在设施碳中和领域，团体标准《电力物资零碳仓库要求与评价》（T/WD 118-2023）为仓库实现碳中和目标提供了明确的标准和评价方法；在运营绿色化领域，国家标准《绿色仓储与配送要求及评估》（GB/T 41243-2022）引导企业优化运营流程，降低能源消耗和环境影响。这些标准体系的建立，为行业发展提供了有力支撑，有效保障了绿色仓储与配送的质量水平。

（二）绿色仓储设施

截至 2024 年底，通过绿色仓库标准评价的库区已达 800 多座，总面积超 5500 万平方米。这些绿色仓库在建设和运营过程中，广泛应用节水、节电、节材、节地、节能等技术。以某绿色仓库为例，通过安装高效节能的照明系统和智能能源管理系统，其单位面积的耗电量相比普通仓库降低了 30%；采用雨水收集系统和节水器具，实现了水资源的循环利用，用水量减少了 40%。经综合测算，同地区同类型的绿色仓库与普通仓库比较，单位面积的碳排放降低 20% 以上，有效推动了仓储设施的绿色低碳发展。

（三）绿色仓储作业

10 年来，中国仓储与配送协会发布多期《绿色仓储与配送设备目录》，归类了 6 大类 20 多项仓配绿色化技术设备，涵盖电动叉车、智能分拣设备、环保包装机械等。同时，中国仓储与配送协会发布了 10 项绿色仓储与配送重要措施，推动数千家企业推广应用绿色仓配作业设备。例如，某物流企业引入电动叉车和自动化分拣设备后，作业效率提高了 50%，同时减少了噪声污染和尾气排放。绿色仓储作业的推广，不仅提高了物流效率，还显著降低了对环境的负面影响。

（四）绿色物流包装

行动计划提出绿色化包装解决方案，推动多项标准和研究报告的发布。国家标准《电子商务物流可循环包装管理规范》（GB/T 41242-2022）的实施，规范了电商物流包装的循环利用。国家邮政局实施减量包装、循环包装、环保包装等政策。例如，某电商企业采用可循环的快递包装袋和环保填充物，每年减少包装废弃物达 500 吨。同时，行动计划提出无快递包装、电商包装社会化循环体系建设等创新方案，为解决物流包装污染问题提供了新思路。

（五）标准物流载具的循环共用

标准托盘的循环共用：标准托盘的循环共用可减少三分之一的托盘用量，并将托盘的使用寿命延长到 6~8 年。据日本权威机构模拟调查，托盘循环共用系统能够显著降低二氧化碳的排放。根据路凯委托权威机构对物流全流程评估测算，在同等托盘流转次数的情况下，托盘循环共用系统相比一次性使用托盘产生的固体废物减少 97%，能源消耗减少 56%，二氧化碳气体排放减少 53%。10 年来，中国托盘循环共用系统的规模从每年 800 万片增加到 5000 万片以上，累计减排二氧化碳超过 260 多万吨，相当于减少 900 多万棵树木的砍伐。

生鲜蔬果标准周转箱的循环共用：中国作为世界上最大的水果、蔬菜生产国和消费国，水果和蔬菜在物流过程中产生损耗的问题较为突出。2014 年，中国的水果和蔬菜在物流环节的损耗率为 25%~30%。10 年来，通过推广标准周转箱，从田间地头对水果、蔬菜进行分拣和规范包装，在运输和仓储过程中保持货物单元不变，减少挤压，损耗率降低到 5% 以下，标准周转箱共用比例提高至少 50 个百分点，成效显著。

（六）新能源叉车节能降耗

根据国家有关排放标准测算，每辆柴油叉车的年度颗粒物排放量是每辆轿车的 114 倍。2013—2023 年，中国柴油叉车的销售占比从 73% 降低到 35.6%，下降 37.4 个百分点。按每年销售柴油叉车 100 多万台计算，如果柴油叉车的年销售量减少 37 万台以上，相当于减少了 4218 万台轿车的颗粒物排放量。这一减排成效远超新能源轿车的推广效果，表明新能源叉车在节能降耗方面具有巨大潜力。

四、行动计划获得的支持与认可

（一）政策支持

自 2020 年以来，国务院、国家发展改革委、商务部等部委纷纷出台支持绿色仓储与配送的相关政策文件，从财政补贴、税收优惠、金融支持等方面为行业发展提供政策保障。全国各省市也积极响应，出台地方支持文件，形成了国家与地方协同推进的政策格局。例如，济南市出台绿色仓库奖励政策，对新获评国家绿色仓库的企业给予 10 万~60 万元不等的一次性补助。在政策的带动下，淄博市、石家庄市、郑州市等地也纷纷跟进实施类似措施。截至 2024 年底，拥有"绿色仓库"标识的企业累计获得 3000 多万元的奖励。

（二）行业认可

"绿色仓库"标识已成为行业企业可持续发展（ESG）的重要环境议题，是推动绿色供应链发展或绿色物流发展不可或缺的措施路径，彰显企业注重绿色、低碳高质量发展形象的手段，并获得银行和基金公司提供的绿色金融服务，为企业节省 3000 多万元融资费用。同时，绿色仓库标准进入国际 GRESB 第三方绿色建筑评价体系，使中国境内的物流地产企业、物流地产基金（REITs）获得国际认证，受到国际资本的青睐。

五、未来展望

当前，国际先进物流企业已开始实施碳中和计划，中国物流企业也需要积极行动。未来，应进一步加大技术创新投入，研发和应用更高效的绿色仓储与配送技术，如氢燃料电池叉车、智能仓储机器人等。持续完善标准体系，紧跟国际标准发展趋势，提高标准的科学性和实用性。加大政策支持力度，拓宽绿色金融服务范围，鼓励更多企业参与仓储与配送绿色化建设和运营。强化企业社会责任意识，推动行业自律，形成全社会共同参与的良好氛围。通过各方努力，全面推动中国绿色物流发展，为实现碳达峰、碳中和目标贡献力量，助力经济社会的可持续发展。

中国仓储与配送协会副会长、专家委员会主任　王继祥

四向穿梭车自动化立体库的设计与分析

随着物流行业的快速发展，自动化立体库（AS/RS）作为现代仓储管理的重要组成部分，其高效、密集、智能的特点日益凸显。穿梭式货架系统作为自动化立体库的核心设备之一，通过自动化作业，实现货物的快速存取和高效管理。本文将详细介绍一种以"四向穿梭车"为核心装备的穿梭车自动化立体库的设计方案，包括系统架构、关键组件、工作流程和优化策略。在保证高度自动化的基础上，最大限度地实现仓库的空间利用率。

一、穿梭车自动化立体库的种类和特点

穿梭车自动化立体库的规划和设计过程非常复杂和严谨，既要满足穿梭车自动化立体库货架结构的强度、刚度和稳定性等设计指标要求，又要确保软控系统配置设备的性能和运行可靠度，还要合理评估穿梭车自动化立体库的运行效率、系统流程优化及其控制功能的实现度。

表　穿梭车自动化立体库的类型、构成和特点

类型	构成	特点
普通穿梭车自动化立体库	由穿梭式货架系统与叉车等存储搬运操作设备构成的半自动化立体库。在作业面（叉车作业区与穿梭式货架存储区的共面），主要依赖人工叉车存储作业，实现物品的出入库作业；在穿梭式货架内，则依赖双向直线行驶的穿梭车，实现物品存储与搬运的自动化作业	因其投资成本较低，基本不改变原仓储区域外的作业方式和流程，又能提高存储区域的存储密度与作业效率，是目前众多企业选择的货架产品之一
子母穿梭车自动化立体库	由穿梭式货架系统、子母穿梭车、提升搬运存储系统等构成。通过加强穿梭式货架结构的功能性，让双向直线行驶的穿梭子车和双向直线行驶的母车共同实现平层存储单元的无缝对接与位移作业；通过提升机完成穿梭子车或存储单元的换平层作业，从而实现存储单元在整个存储区域内的三维动态化存储管理	是普通穿梭车自动化立体库建设的技术性嫁接与延伸，目前多为穿梭车制造企业或系统集成商向客户推介的主流产品之一
堆垛穿梭车自动化立体库	由穿梭式货架系统、自动化巷道堆垛机搬运存储系统构成。依靠自动化巷道堆垛机搬运存储系统，可以自由分割穿梭式货架存储区域，形成多个作业面与通道，极大地提高了作业区域与存储区域的存储和搬运效率	是普通穿梭车自动化立体库的结构性延伸，目前多为系统集成商向客户推介的产品之一

续表

类型	构成	特点
四向穿梭车自动化立体库	由穿梭式货架系统、智能穿梭系统、提升搬运存储系统等构成。通过四向穿梭车执行作业指令,完成同一平层作业巷道的四向物流作业,从而实现同层任意储位的存储调度与管理;通过提升机完成四向穿梭车或存储单元的换平层作业,从而实现存储单元在整个存储区域内的三维动态化存储管理	是普通穿梭车自动化立体库的升级换代,也是智能化穿梭密集存储的理想物流形态之一

二、四向穿梭车自动化立体库的设计分析

(一)系统架构

四向穿梭车自动化立体库主要由仓储货架、四向穿梭车、自动输送设备、运行轨道、控制系统、导航系统、通信系统和安全系统组成。在不降低效率的前提下,实现高密度存储,达到存储容量扩增的目的。

图1 四向穿梭车自动化立体库方案示意图

四向穿梭车自动化立体库的基本单元由标准型材构建,通过工厂预制、现场组装的设计与安装方案,实现标准构建工厂加工、标准组合件公路运输、标准吊装单元现场安装的标准化流程。

图 2　正贸四向穿梭车自动化立体库

1. 仓储货架

仓储货架采用模块化设计，可根据仓库空间大小和货物尺寸灵活调整。货架每层都配备导轨和定位装置，为四向穿梭车提供稳定的行驶路径和精确定位。

2. 四向穿梭车

四向穿梭车采用双驱动轮设计，确保在货架轨道上的稳定行驶。同时，四向穿梭车配备高精度传感器和控制器，实现精确定位和自主导航。此外，四向穿梭车还具备货物识别、搬运和堆放等功能，确保货物的快速存取。

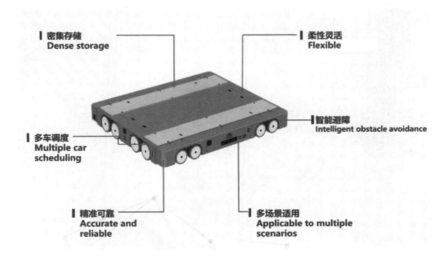

图 3　四向穿梭车

3. 自动输送设备

自动输送设备包括电梯、传送带等，用于四向穿梭车的升降和托盘的输送，提高货物的运输效率和准确性。

图 4　自动输送设备

4. 运行轨道

用于支撑四向穿梭车的行驶轨道，一般采用双轨结构，可根据实际场地情况确定双轨距离。

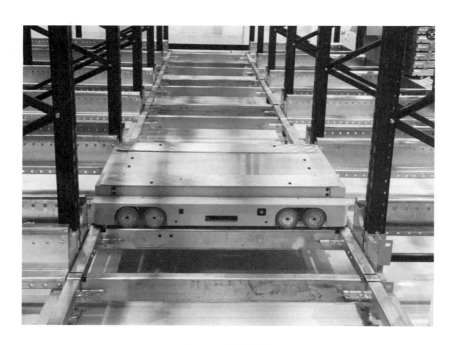

图 5　运行轨道

5. 控制系统

基于先进的仓储管理系统（WMS），集成四向穿梭车调度算法和任务分配策略。通过实时监测四向穿梭车的位置、状态和任务进度，实现四向穿梭车的智能调度和任务分配。

6. 导航系统

采用激光导航技术或 RFID 导航技术，确保四向穿梭车在货架轨道上的精确定位和自主导航。

7. 通信系统

通过无线通信技术，实现四向穿梭车与控制系统的实时数据交换，确保任务指令的准确传达和执行。

8. 安全系统

配备紧急停止装置、碰撞检测传感器、超速保护等安全措施，确保四向穿梭车在作业过程中的安全。

（二）工作流程

1. 任务接收

控制系统接收来自 WMS 的任务指令，包括货物存取位置、数量等信息。

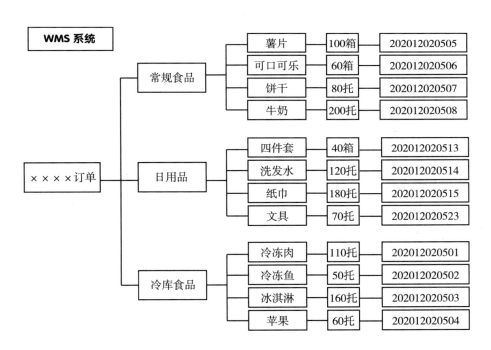

图 6　任务示例

2. 四向穿梭车调度

控制系统根据任务指令和四向穿梭车状态，智能调度四向穿梭车执行任务。

图7 四向穿梭车货物存取示意图

3. 货物存取

四向穿梭车根据导航系统定位到指定货架层，通过货物识别装置识别货物，执行搬运和堆放等作业。

4. 任务完成

四向穿梭车完成任务后，返回充电站或待命区域，等待下一个任务指令。

（三）运营与策略优化

1. 智能调度算法

根据四向穿梭车状态和任务优先级，采用先进的智能调度算法，实现四向穿梭车的最优调度，提高作业效率。

2. 故障预警与维护

通过实时监测四向穿梭车的运行状态和故障信息，实现故障预警和远程维护，减少故障停机时间。

3. 能源管理

采用节能设计，如低功耗电机、智能充电系统等，降低四向穿梭车的能耗，提高能源利用率。

4. 系统扩展性

采用模块化设计，并根据实际需求灵活扩展货架层数和四向穿梭车数量，满足未来仓储需求。

三、四向穿梭车自动化立体库的未来发展方向

四向穿梭车自动化立体库正朝着高度集成化、模块化、智能化、自动化、灵活化、可拓展性、标准化与互操作性等方向发展。这些发展方向不仅符合现代仓储物流的需求与趋势，还为四向穿梭车自动化立体库的未来发展指明了方向。

（一）高度集成化与模块化

高度集成化是四向穿梭车自动化立体库发展的首要趋势。通过集成先进的物流设备、信息系统与自动化控制技术，实现仓库作业流程的全面自动化与智能化。同时，模块化设计让系统能够根据不同仓库的需求进行灵活配置与扩展，提高了系统的适应性和适配性。

（二）智能化与自动化

智能化与自动化是提高仓库作业效率与准确性的关键。自动化穿梭车、智能分拣机器人、无人搬运车等智能设备的广泛应用，显著提高了仓库作业的效率和精准度。同时，通过引入人工智能、大数据分析等技术，实现对仓库作业的智能调度与优化，进一步提高系统的整体效能。

（三）灵活化与可扩展性

随着市场需求的不断变化，仓库作业需求也日益多样化。因此，四向穿梭车自动化立体库需要具备更高的灵活性与可扩展性。通过采用可重构的货架结构、灵活的四向穿梭车调度算法等，系统能够快速适应不同的作业需求。此外，系统的可扩展性也确保了仓库能够随着业务的发展进行扩容，满足未来的仓储需求。

（四）标准化与互操作性

标准化与互操作性是提升四向穿梭车自动化立体库竞争力的关键。通过制定统一的技术标准与接口规范，实现不同设备与系统之间的无缝连接与互操作。这不仅有助于降低系统的集成成本与维护难度，还能够促进跨行业、跨地区的仓储物流资源共享与协同作业。

江苏正贸仓储设备制造有限公司总经理　张国强

城配企业新能源汽车使用调研报告

为深入了解城市配送新能源汽车的使用现状、需求及面临的问题，中国仓储与配送协会共同配送分会于 2024 年 11 月进行了专项调研，旨在为新能源汽车产业发展、政策制定和企业决策提供参考依据，推动新能源汽车在城配领域的广泛应用。

一、调研基本情况

本次调研共收集了 91 家城配企业的信息（本文中提到的企业均为参与调研的企业）。从区域分布来看，华东地区参与调研的企业数量最多，达到 42 家，占比 46.2%；华北地区有 23 家，占比 25.3%；华中地区有 19 家，占比 20.9%；其他地区参与调研的企业数量相对较少，华南地区 1 家、东北地区 4 家、西北地区 2 家。

二、调研数据分析

（一）新能源汽车以企业自购为主

参与调研企业的新能源汽车运营总量为 9356 辆。其中，53.49% 的企业选择购买新能源汽车，13.95% 的企业选择租赁新能源汽车，32.56% 的企业选择"自购+租赁"相结合的方式。由此可见，自购车辆是获取新能源汽车的主要方式，但租赁方式也逐渐受到部分企业的青睐。

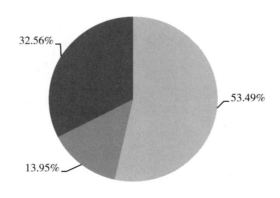

图 1　新能源汽车企业购置及租赁占比情况

（二）运营成本低是新能源汽车的主要优势

企业使用新能源汽车的三个主要因素依次为运营成本低、不受限行限制、政策要求。大多数企业反馈，用电降本是新能源汽车的突出优势，其次是维保降本，这表明运营降本是企业关注的焦点。相较于传统燃油汽车，新能源汽车在运营成本方面具有明显优势，这也是其在城配领域推广的重要竞争力之一。

企业使用新能源汽车的因素还包括购车补贴和用电补贴，这反映出经济成本和政策因素是推动企业购买新能源汽车的动力。浙江省、海南省、湖北省、重庆市等地对购置、置换新能源汽车都给予了补贴资金。

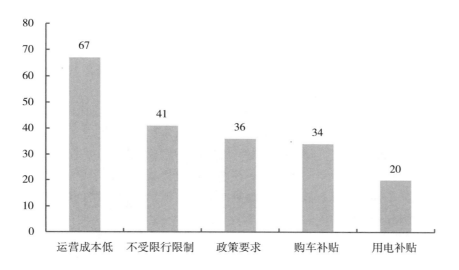

图 2　企业使用新能源汽车的因素

下表是对一辆新能源汽车（纯电普通城市配送轻卡，车厢长 4.2 米，没有冷藏功能）与一辆同样车型的燃油汽车一年运营费用的初步测算与对比。

表　燃油汽车与新能源汽车一年运营费用情况

车型	使用年限（年）	购车成本（元）	折旧（元）	残值（元）	维修费用（元）	单价（元/公里）	行驶里程（公里）	行驶费用（元）	费用合计（元）	保险费用（元）
燃油汽车	5	130000	25220	3900	7000	1.00	100000	100000	133220	7000
新能源汽车	5	160000	31220	3900	2000	0.60	100000	60000	93220	16000
差额	0	30000	6000	0	−5000	−0.40	0	−40000	−40000	9000

（三）新能源汽车使用中存在的问题

1. 续航能力问题

续航里程不足是新能源汽车比较突出的问题之一，严重影响了新能源汽车在城配领域的使用效率和应用范围。共有85家企业反馈该问题，主要集中在华东地区（36家）、华北地区（21家）、西南地区（13家）、华中地区（12家）。此外，冬季或极端天气下的续航能力降低问题也困扰着企业。

2. 保险服务问题

车辆投保难也是新能源汽车较为突出的问题之一。共有67家企业反馈该问题，主要集中在华东地区（25家）、华北地区（18家）、华中地区（13家）。新能源汽车投保难的原因包括司机的原有驾驶习惯不适应新能源汽车特性、行业新司机较多、车辆养护方法不当导致事故率较高，以及车辆稳定性和耐用性（电池）不足等，影响了企业对新能源汽车的信赖度和使用意愿。

3. 新能源汽车运营相关政策支持和基础设施问题

有34家企业反馈部分地区缺乏相关政策支持，主要集中在华北地区（10家）、华东地区（11家）。有44家企业反馈充电网点不足和充电难等问题，主要集中在华东地区（19家）、华北地区（10家）。政策不完善和基础设施不足制约了新能源汽车在城配领域的进一步推广。

除上述三个主要问题外，新能源汽车还存在车辆维修成本高、运营压力大、整车与核心部件性能不足（如车辆在高速行驶时，电池衰减较快）等问题。这些问题在一定程度上都影响了企业对新能源汽车的使用体验和推广意愿。

（四）希望了解的新能源汽车信息

1. 政策信息

81家企业关注新能源汽车相关政策。其中，补贴政策是企业最关注的，占比80%；希望及时了解通行政策的企业，占比65%。企业购买新能源汽车时，希望能享受更多的政策红利，以便更好地规划业务。

2. 技术、安全及运营信息

57家企业关注新能源汽车技术；60家企业关注新能源汽车安全相关信息；57家企业关注新能源汽车的运营场景。这些信息与企业的实际使用和运营密切相关，反映出企业对提升车辆性能、保障运营安全和提高运营效率的需求。

3. 保险产品信息

61家企业关注新能源汽车的保险产品。由于新能源汽车存在保险服务问题，企业希望获得更适合的保险产品，以降低运营风险。

81家	61家	60家	57家	57家
相关政策	**保险产品**	**安全相关**	**汽车技术**	**运营场景**
关注企业主要集中在华东地区（31家）、华北地区（19家）、华中地区（16家）。	关注企业主要集中在华东地区（22家）、华北地区（17家）、华中地区（13家）。	关注企业主要集中在华东地区（23家）、华北地区（16家）、华中地区（11家）。	关注企业主要集中在华东地区（22家）、华北地区（15家）、华中地区（11家）。	关注企业主要集中在华东地区（22家）、华北地区（14家）。

图 3　关注新能源汽车信息的企业分布情况

（五）未来三年内计划使用新能源汽车的情况

从未来三年内计划使用新能源汽车的意向来看，自购车辆的企业数量多于租赁车辆的企业数量，但自购及租赁数量超过 100 辆的企业占比不足 20%。多数企业仍保持自购车辆和租赁车辆的原有习惯：原本以租赁为主的企业，计划增加使用量时仍选择租赁；原本购置量大的企业，计划新增车辆时仍以自购为主，且多数企业倾向于少量购置。由此可见，企业在扩大新能源汽车使用规模时较为谨慎，会综合考虑自身实际情况和运营成本。

本次调研全面了解了城市配送新能源汽车的使用现状、需求及面临的问题。虽然新能源汽车在降低成本方面具有优势，且部分品牌得到了企业的认可，但在续航能力、保险服务、政策支持和基础设施等方面仍存在诸多不足，制约了其在城配领域的广泛应用和快速发展，特别是新能源汽车保费高昂与投保困难是目前新能源汽车推广的最大障碍。为进一步推动新能源汽车在城市配送中的应用，行业协会计划从以下三个方面开展工作：一是加强车企与配送企业的沟通，加深供需了解，助力技术迭代；二是开展新能源汽车驾驶技能培训，推动相关标准的制定；三是持续向有关部门反映，并与保险公司及相关保险服务企业探讨新能源汽车保险的解决方案。

中国仓储与配送协会共同配送分会

第三部分

行业典型案例

宝供物流 | 30年峥嵘历史引领物流发展，未来布局推动产业供应链高质量发展

宝供物流的30年，正是引领中国现代物流发展的30年。从倡导践行第三方物流的经营理念和改变传统计划经济所实施的"大而全，小而全"的经营旧模式，到市场经济背景下强调专业分工、聚焦核心业务、外包非核心业务的先进模式，再到建立辐射全国的现代化物流网络，引进质量保障体系，提供物流一体化专业服务，最终升级为产业供应链一体化。宝供物流始终站在物流行业发展的前沿，与时俱进，并且每一次的创新与突破都在中国现代物流发展史上留下了不可磨灭的印记。宝供物流始终坚守初心，坚持价值导向，以创新驱动发展，秉承"敢为天下先"和"不管大步小步，始终领先半步"的企业精神，持续引领着物流行业的进步与发展。

一、宝供物流30年发展阶段

（一）第一个阶段（1994—2003年）：迅猛发展的成长阶段

在这10年里，宝供物流在行业开拓多项创举，推动了中国物流行业的蓬勃发展。

一是率先构建物流运作网络，提供门到门一体化的物流服务。

二是率先把工业管理体系、GMP质量保障体系应用到物流当中，实现了规范化、标准化服务。

三是率先在物流实践中运用互联网、内联网技术，建立宝供物流信息系统，开创中国现代物流信息化先河，实现了物流信息实时动态、全程可控可视。

四是创立"宝供物流奖"和"宝供物流奖学金"，推动物流人才的发展。

五是首创物流基地战略，推动了中国现代物流仓储建设标准的设立；率先在全国建立多家大型多功能现代化物流基地，形成辐射全国物流枢纽的基地网络。

六是率先提出供应链一体化服务的概念，以物流为核心，向供应链上下游延伸，为客户打造一个更加高效、便捷、有韧性的服务链条。

七是率先开启物流创新技术在物流实践中的应用，推动物流包装优化改造（如纸箱改尼龙袋等微创新），帮助企业降本增效，推动物流行业创新技术实践和发展。

八是最早在物流实践中上线EXE/TOM系统。2003年，EXE仓库管理系统在苏州成功上线；率先在国内实施具有知识产权的全面订单管理系统（TOM）。

（二）第二个阶段（2004—2019年）：供应链创新和应用的成熟阶段

在这个阶段，宝供物流不断投入新技术、新设备，不断丰富产品服务，把更多的创新理念和措施应用到实践中，将业务由成品物流拓展到原材料物流，引入国际WMS并上线应用，形成各个行业的解决方案。

例如，联合TCL优化成品分销物流模式，将TCL原有的100多个小仓撤换成30多个省仓，大幅降低库存资金占用和管理成本，有效杜绝跑冒滴漏等现象；为红牛打造了全国分销和物流网络，通过数智仓配融合等系统的应用，促进红牛业务的快速发展；帮助宝洁广州工厂建立VMI仓库，降低了库存；为丰田汽车打造汽车零部件供应链，创新循环取货、JIT运输、VMI仓库等管理模式。

（三）第三阶段（2020年至今）：由供应链一体化服务商向产业供应链集成服务商的转型阶段

随着地缘政治的影响加剧，消费者的购买行为发生转变，促使国家为了提振经济出台了诸多政策，包括提出制造业和物流业深度融合、发展新质生产力、国家统一大市场、降低社会物流总成本等一系列政策举措，旨在打通整条产业链的上下游堵点，使整个产业链的上下游更加高效、协同，从而降低全社会成本。

基于这个背景，宝供物流一直在探索物流业未来的发展思路和路径，最终提出从供应链一体化服务商转为产业供应链集成服务商。宝供物流以产业为主体、资本为助力、技术为支撑，组建产业生态，为供应链链主企业（品牌方）、相关的上游原料供应商、下游合作商提供原辅材料采购、成品分销代理、仓储物流、商流、资金流、信息流等组合服务，辅助客户业务扩展，并提供与之对应的产业供应链一体化服务。通过数字信息的链接，打通整个产业链的上下游环节，把模式进行重构，寻求更优化的模式，从而降低总成本。例如，某规模化的产业园区入驻了100多家食品饮料制造企业，这些企业均需要白糖。于是，宝供物流通过信息系统收集白糖的需求信息，向糖厂集中采购，并将白糖原料放在宝供物流仓库，实现按订单配送，降低了各企业的采购价格和采购批量；同时，宝供物流提供了更加专业的储存、分拨等物流服务，帮助园区内企业降低采购、物流、人员等成本。针对复杂的汽车产业链，宝供物流为客户提供了循环取货到主机厂一系列的服务，参与客户对汽车的器具、包装的设计、器具的租赁等，把这条产业链中的各个环节效率做到最优，从而提高整条产业链的周转率，缩短周转时间。

产业供应链集成，是一种新质生产力的具体体现，对整条产业链、供应链的效率提高，以及给客户带来更好的体验、推动行业创新等，都能够带来非常大的价值。宝供物流产业供应链集成的价值是非常大的，包括增强整个产业链的韧性、助力物流行业降本增效、推动行业数字化转型升级等。

二、宝供物流成功经验总结

宝供物流30年的发展历程，是不断开拓、不断创新、不断挑战、不断跨越的奋斗史。在物流行业竞争激烈的环境下，许多企业各领风骚不过三五年，折戟沉沙的更是多如牛毛，与宝供物流同期成立的民营物流企业大多已经消失在历史的长河中。宝供物流能够 30 年屹立不倒，主要可以归结为以下四点。

第一，不忘初心，坚守信念。企业在发展的过程当中，会面临很多诱惑，尤其是资本运作方面。对于宝供物流这样一家在行业赛道、品牌价值、管理水平、市场声誉等各方面都具有一定影响力的企业而言，这类诱惑尤为显著。2002 年，有一家外资公司想收购宝供物流，开价 2.5 亿美元，但是最后被拒绝了，因为宝供物流"构建一个中国特色的现代化物流体系"的梦想还未实现。

第二，坚持终身学习。虽然物流行业看起来很粗犷，但是要做好却非常难，因为物流是一门集知识、实践、经验、科技于一体的综合性服务行业。在中国从事现代物流，本质上就是从事创新的事业，只有不断学习，吸收国内外先进经验，才能走得更远。

第三，秉持利他思维。"用心为你创造价值"是宝供物流的经营宗旨。因此，宝供物流做事的首要原则是能够为客户创造价值。宝供物流强调三个"有利于"① 工作行为，只要能够帮助客户、帮助整个行业、帮助员工进步的事情，都值得去做。

第四，合作共赢。当今社会已经不是单打独斗的时代，而是需要抱团发展，才能实现合作共赢。

三、宝供物流战略定位及未来核心服务

面对未来，宝供物流一直在思考：未来的路在何方？通过对国内的经济进行对比研究，宝供物流得出的结论是：中国的经济从生产和流通这两条腿来看，生产这条腿很健壮，但是流通这条腿还需要很大的改进，因此流通领域将是一个创新变革的领域，需要重塑流通供应链。未来，整个市场的竞争不只是产品的竞争或单一企业的竞争，而是供应链与供应链之间的竞争。因此，宝供物流的发展道路将会围绕产业供应链开展工作，并完善企业的采购体系、生产体系、分销体系。

因此，宝供物流制定并实施"四轮驱动，两翼腾飞"的发展战略，以"产业供应链一体化实体服务平台、供应链解决方案、专业性物流服务和商贸流通平台"为四轮，辅以"大数据和大金融"为支撑两翼，引领和推动物流供应链产业的发展，为广大客户提供更轻松、更便捷、更高效的物流服务。

宝供物流经过 30 年的发展沉淀，已经构建出"物流网络+精细化运营+数据与算法"的效能铁三角。未来，宝供物流将利用积累的资源和能力持续发力，探索新的链接模式，持续打造新的服务方案，助力产业实现高质量、现代化发展。

第一，重新链接物流网络。宝供物流在全国 130 多个城市建立了分支机构，在广州、上海、北京、沈阳、苏州、成都、合肥、南京、顺德、天津、西安等全国 20 个中心城市投资兴建了 25 个大型现代化物流基地，形成了覆盖全国的业务运作网络和信息网络。

第二，打造六大行业解决方案。在过去的 30 年里，宝供物流深耕日化供应链、食品饮料

---

① 对符合以下要求的行为给予及时、积极的鼓励和奖励：有利于为客户创造价值，满足客户的需求；有利于推动行业和员工的发展进步；有利于提高劳动效率、效果、效益的行为和结果。

供应链、化工供应链、汽车零部件供应链、3C 家电供应链、家居建材供应链等六大行业，并形成行业领先的解决方案。

第三，实现全链的数字化运营。经过 30 年的发展，宝供物流已经建成基于大数据、物联网、区块链、SaaS 等底层技术能力支持，覆盖多个智能应用场景，构建供应链系统大生态。宝供物流从确认核心运营流程开始，制定数字化工作流程，并在流程、数据和应用等三个层面搭建一体化的数字化整体架构，从而实现从生产端到消费端关键节点的数字化。

第四，深化产业供应链转型。宝供物流"物流网络+精细化运营+数据与算法"组成的效能铁三角，向产业链上下游释放。在与客户探索转型的过程中，宝供物流的效能正在增强客户的供应链，而这种竞争力也正在服务客户的过程中释放到全行业当中去。

图 "四轮驱动，两翼腾飞"的发展战略

未来，宝供物流将继续秉承"敢为天下先"和"不管大步小步，始终领先半步"的企业精神，在持续夯实基础物流服务、优化供应链一体化服务的基础上，深化 AI 技术应用场景开发，不断提升产业供应链的服务能力，用心为客户创造更大的价值。

京东物流 "数智化+行业化" 仓储的建设与应用

一、企业基本情况

京东集团自 2007 年开始自建物流体系，并于 2017 年 4 月正式成立京东物流集团。作为中国领先的技术驱动型供应链解决方案及物流服务商，京东物流致力于成为全球值得信赖的供应链基础设施服务商。以 "技术驱动，引领全球高效流通和可持续发展" 为使命，目前京东物流主要聚焦于快消、服装、家电家具、3C、汽车、生鲜等六大行业，为客户提供一体化供应链解决方案和物流服务，帮助客户优化存货管理、降低运营成本、高效分配内部资源，实现新的增长。

京东物流建立了高度协同的六大物流网络，涵盖仓储、综合运输、最后一公里配送、大件、冷链物流和跨境物流等，具备数字化、应用广泛和灵活高效等特点。截至 2024 年 9 月 30 日，京东物流已拥有 3600 多个仓库（含第三方业主运营的云仓），总管理面积超过 3200 万平方米，服务范围覆盖了中国大多数地区。同时，京东物流还在全球拥有近 100 个保税仓库、直邮仓库和海外仓库，总管理面积近 100 万平方米，为全球客户提供优质、高效的一体化供应链物流服务。

二、"数智化+行业化" 仓储建设情况

在当前的社会环境下，京东物流持续聚焦成本、体验、效率等三大核心要素，通过全面的仓网变革和智能化、自动化创新，不断提高运营效率，赋能业务降低成本、优化体验。项目整体分为四大板块：即时零售能力建设、行业化 B 仓能力建设、仓储智能化应用、仓储自动化设备应用。

（一）即时零售能力建设

在仓网变革中，京东物流针对一二线城市，将原有的单一仓网拆分为重货仓、爆品仓、长尾仓等三张网，以提供更加精细化的服务。通过 "爆品仓+前置仓" 的仓配模型，在成本保持不变的情况下，京东物流为客户提供更好的 "4 小时达" 优质体验，重货次日达时效，长尾 211 时效。在前置仓建设方面，京东物流构建了选址筹建、库区动线设计、接单生产策略、效期商品管理、配送调度策略、中台损耗质控、履约监控等核心环节能力。同时，通过鲜活产品加工能力建设，实现了短保、温控（冰镇、冷层、冷冻等）、非标称重、活鲜加工

等非标业务运营能力。通过算法集成的销量预测，优化了仓配作业排班和补货集中生产策略，达成了半小时达的仓配履约能力，有效提升了用户体验。

（二）行业化 B 仓能力建设

行业化 B 仓能力建设主要聚焦于打造各行业 B 仓的一体化供应链协同能力，包括 B 仓能力建设和 B 网能力建设。B 仓能力建设主要关注适配不同行业场景的规划和运营能力建设，通过打造 B 仓标杆并推广，沉淀行业化 B 仓方案和落地实践，开发针对特定行业的功能模块，构建各行业的系统能力图谱，可以更好地服务于不同行业的仓库管理，提高企业的物流效率和竞争力。B 网能力建设主要关注构建一体化供应链协同和多场景城配交付能力，通过智能化系统工具打造，形成行业化的城配交付体系，构建低成本、稳定、体验良好的 B 网核心竞争力。针对不同行业的特点和需求，京东物流开发了适应不同行业场景的功能模块，如服饰的边收边分、库内加工、汽车的原包件出库等。

（三）仓储智能化应用

京东物流重点围绕在库和出库作业场景进行智能化建设，打造智能任务分配、智能匹配拣货、智能匹配复核台、智能耗材推荐等。智能任务分配是将人工经验分单转化为智能化分单的操作策略，减少任务分配环节人力成本的投入。同时，基于智能集合单策略，均衡集合单分配节奏，优化分单效果，进一步提高拣货效率。智能匹配拣货是通过算法接入自动匹配拣货员和拣货任务，减少人员反复领取任务的操作时间，提高策略的精准性和可扩展性。智能匹配复核台是根据均衡模式自动推荐复核台，优先推荐积压任务较少的复核台，提高现场打包效率。智能耗材推荐是在打包过程中通过算法提供打包耗材、填充物等信息，提高一线操作效率和打包耗材的准确性。

（四）仓储自动化设备应用

为提高仓储作业效率，京东物流在物流环节中借助各种自动化设备完成相应的作业。京东物流建设了自动化设备智能调度平台，实现设备控制方面的效率提高，保障履约时效达成。在自动化设备控制方面，设备调度控制更加透明化。在履约时效方面，自动化设备智能调度平台能够快速获取时效需求，及时进行调度策略调整，有利于时效达成。在业务发展方面，京东物流完全自主可控，业务升级不会受到第三方制约，有利于业务快速调整。自动化设备智能调度平台遵循智能供应链管理的基础理论框架，包含模拟仿真、调度决策、监控分析等三个核心模块。目前，自动化设备智能调度平台已经在仓储和分拣项目中广泛应用，支撑了10 多种主要自动化设备在 200 多个仓库中的调度应用，包括地狼 AGV、飞狼 AGV、天狼、堆垛机立体库、四向穿梭车立体库、分拣 AGV 等。自动化设备推广应用后，相较于人工方案，其平均成本降低 1%，装载率提高 7%。

图 京东物流仓储自动化应用场景

三、"数智化+行业化" 仓储创新应用

（一）集单+生产方式转换+先调度后生产

京东物流通过集单、生产方式转换和先调度后生产的方式优化商超内配货和补货。在内配单接收后，系统调用 Promise 时效系统获取截单时间，并调用集控单的集单服务，将相同条件的内配单组批。当达到截单时间或集单体积超过阈值后，集单成功并转客单。这种方式提高了补货仓的生产效率，降低了货物等待车辆运输的时间。

（二）线上化越库分播能力

京东物流创新了一种线上化越库分播能力，分播员无需打印纸质标签，可直接在系统上进行分播操作。这种方式不仅减少了纸张的浪费，还通过操作留痕为后续异常追踪提供了线上化数据。同时，系统交互的优化（如减少输入、全部使用扫描操作等）提高了操作效率和准确性。

（三）B 仓行业化能力建设

京东物流通过业务解码和智能技术中台的运用，构建了 B 仓 B 网的行业化和场景化能力。项目依托高度模块化、可扩展和可配置的技术平台，为不同行业的 B 仓提供专业化和高度适应性的解决方案。重点关注服饰、汽车和消费品等行业，并逐步扩展至3C、家电家具等其他行业。

（四）多场景订单处理策略

智能算法预测，实现爆品攒单生产。京东物流通过智能算法预测及攒单功能，实现部分订单结构锁定，用于计划性生产。算法根据历史单量和大促信息预测爆品，仓库可根据算法预测进行攒单生产，提高生产效率。同时，算法和人工相结合的方式进一步提高了攒单的准确性和灵活性。

服装行业智能组单，提高拣货效率。京东物流通过实时预测算法模型动态调整组单策略，找出最优的拣货方案，并下发智能集合单拣货任务。结合储位存放策略，算法可根据款式、颜色、号码等维度进行智能组单，提高拣货效率和出库时效。

基于延迟集中分单机制的物流仓储拣货任务批量派发。京东物流创新了基于延迟集中分单机制的拣货任务批量派发方法，从拣货员获取任务的方式修改为任务派发的方式，减少人员反复领取任务的操作时间。同时，采用延迟集中分单作为任务派发机制，引入任务复杂度计算因子，实现拣货员对拣货任务的多对多批量匹配，提高仓储全局生产效率，并保证派单公平性。

（五）自动化技术应用

京东物流在自动化技术应用方面进行了多项创新。一是集中调度方法。面向大型电商仓储场景，综合考虑订单结构、库存属性、订单优先级、AGV 分布等因素，结合遗传算法在极短时间内寻找最优调度方案。二是避碰调度方法。面向短时高并发业务，通过带节点成本的最短路径算法、交通拓扑规划和蚁群算法，实现多机器人协同调度及路径规划。三是任务交换调度方法。面向资源紧张、交通易堵塞场景，提出两车进行搬运任务交换或搬运目的地互换的调度方法，避免交通堵塞，降低搬运成本。

四、"数智化+行业化" 仓储效果及价值

（一）对京东物流自身的价值

一是提高运营效率。通过智能化和自动化技术的应用，京东物流显著提高了仓储和配送的运营效率，降低了人力成本和时间成本。

二是优化成本结构。项目实施后，京东物流在多个环节实现了成本节约，如重货仓的仓配费用单均节省 9 元，年均节省数千万元。

三是提升客户体验。通过即时零售能力建设和行业化 B 仓能力建设，京东物流为客户提供了更加优质、高效的物流服务，提升了客户满意度和忠诚度。

（二）对行业发展的价值

一是供应链仓网优化。京东物流通过仓网变革和全链路能力建设，优化了仓网结构，提高了整体履约交付效率，降低了重货整体仓配成本，提升了供应链竞争力。

二是推动行业创新。B 仓 B 网能力建设通过一体化供应链协同和智能化系统打造，推动了行业的创新和发展，为行业带来了更多的商业机会和增长空间。

三是智能化与自动化应用示范。京东物流在智能化和自动化技术应用方面的创新实践，为其他物流企业提供了参考和借鉴，促进了整个物流行业的进步和发展。

华鼎冷链科技 ｜ 华鼎雪豹数智大模型赋能食品冷链效率全面提高

一、企业简介

河南华鼎冷链仓配科技有限公司（以下简称"华鼎冷链科技"）成立于 2019 年，是一家平台型供应链公司，致力于成为中国最大的冷冻食材供应链综合服务商。华鼎冷链科技始终秉承"两自建（仓库、SaaS 平台）、两撮合（上游、下游）、两整合（车辆、银行）"的发展理念，以供应链为切入点，运用信息化的手段深耕产业垂直细分领域。通过"平台+网络+渠道+产业+金融"五位一体的全产业供应链平台发展模式，为客户提供冷冻食材交易、仓配一体化履约、供应链金融、大数据服务等综合性一站式解决方案。通过产业端和消费端大数据集成与运用，最终完成产业价值生态的构建，推动产业新商业文明的建设与发展。

目前，华鼎冷链科技在全国已经有 25 个分支机构，23 个省级区域中心仓，仓储总面积 40 万平方米，干支线网络 3150 条，辐射全国除西藏和港澳台以外的全部省区、290 个地级市、2000 多个县。通过华鼎冷链科技自主研发的 SaaS 系统，已连接连锁餐饮、冻品工厂、商贸客户等 2500 余家，服务餐饮终端门店 20 余万家。

作为中国冷链物流行业的领军企业，华鼎冷链科技凭借卓越的综合实力和创新能力，连续多年蝉联中国冷链物流百强企业，是河南省专精特新企业、高新技术企业、物流"豫军"企业，不仅推动了河南省物流产业的转型升级，还为全国冷链物流行业的高质量发展树立了标杆。

二、华鼎雪豹数智大模型的建设背景

自 2019 年以来，国家部委相继出台了一系列政策支持冷链物流行业发展。例如，《关于推动物流高质量发展促进形成强大国内市场的意见》明确提出要推动冷链物流数字化、智能化发展。

华鼎冷链科技成立之初，对冷链物流行业进行深入的调研，发现冷链数字化水平参差不齐，市场上的冷链系统软件（平台）普遍存在以下两个问题。

一是与实际业务契合度低。大多数冷链系统软件由第三方科技公司开发，缺乏对实际业务场景的深入理解，导致在功能设计等方面与业务实际需求契合度低，难以满足冷链物流企业的具体操作需求。同时，这些冷链系统软件缺乏灵活性，难以根据业务变化进行功能扩展或调整，不仅增加了用户的操作复杂性，还降低了工作效率。

二是覆盖环节单一，存在信息孤岛问题。大多数冷链系统软件只能覆盖仓储、运输或温控等单一作业环节，冷链物流企业需要使用多个系统管理不同环节的作业，增加了操作复杂性和管理成本。不同科技公司开发的冷链系统软件之间缺乏统一的数据标准和接口，导致数据无法共享和整合，容易形成信息孤岛。

在此情况下，华鼎冷链科技结合自身的战略发展目标和业务模型，先后投入 3 亿元，组建信息技术团队和 SaaS 系统自研，形成了深厚的技术积累和创新能力，成功研发了"华鼎雪豹数智大模型"，并入选河南省首批 4 个工业大模型。

三、华鼎雪豹数智大模型服务能力与优势

华鼎雪豹数智大模型的构建逻辑，是基于华鼎 SaaS 平台的数字化能力和人工智能算法，通过不断学习业务场景构建完善模型，为客户提供冷链物流全流程可追溯、智能化管理的解决方案。其优势主要体现在以下三个方面。

在冷链仓储环节，华鼎雪豹数智大模型不仅解决了"每个仓都是一个信息孤岛"的问题，还通过智能货位规划、智能订单、大数据分析等，对货品上架、分拣、复核、盘点等库内作业环节进行作业流程优化，实现了在库货品的效期管理、先进先出、智能补货等，大幅提高了仓储效率和准确率，减少了人工操作的误差。

在冷链运输环节，华鼎雪豹数智大模型通过实时数据分析和路径优化算法，实现智能排线、智能排单、智慧装载、智能外呼等功能，减少运输时间和成本。依托智能温控系统和实时监控平台，确保了食材在仓储配送过程中的品质和安全，提升了客户满意度。

在全链条上，华鼎雪豹数智大模型实现了从上游食材采购、生产到下游餐饮终端消费的全链条覆盖。借助强大的数字资产沉淀和数据分析能力，华鼎雪豹数智大模型通过整合历史数据和市场趋势，有效促进企业精细化管理、全面化监管、科学化决策，为企业数字化转型提供强有力支撑，实现数据驱动的企业经营决策支持。

图 华鼎雪豹数智大模型架构

这些技术创新和应用不仅提高了冷链物流的运营效率，还显著降低了能耗和食材损耗。据统计，应用华鼎雪豹数智大模型后，冷链物流企业的运营成本平均降低 15%，仓储管理人工成本降低 21%，预计每年为企业节省成本约 9300 万元；单车调度响应从 1 个小时缩短到秒级，单日最大运量阈值从 100 吨提升至 1000 吨，日处理订单量提升 127%，单位运量的运输里程节省 15%；食材损耗率降低 20% 以上，温控货损率降低 13%。

四、华鼎雪豹数智大模型服务案例

北海逮虾记食品有限公司（以下简称"逮虾记"）是我国虾滑品类的头部企业。华鼎冷链科技结合逮虾记的实际业务需求，通过华鼎雪豹数智大模型的数字化能力，实现了客户订单的计划性生产和增效降本。

在产品生产环节，华鼎雪豹数智大模型根据对客户订单的智能化分析，实现了订单的计划性生产，进而推进原料采购、生产排期等，减少在原料采购端的资金占用，提高工厂的生产效率和运营效率，实现了工厂零库存管理。

在订单履约环节，华鼎雪豹数智大模型根据数据分析，提前将货品布局到各个区域的省级仓储中心，实现智能化库存管理，再依据餐饮终端门店的订单，将货品快速地运送至对应的客户手中，确保运输过程中的产品品质，有效降低食材损耗率，提升客户满意度。

五、华鼎雪豹数智大模型推广价值

华鼎雪豹数智大模型是冷链物流行业首个入选省级工业大模型的项目，在冷链物流行业的应用价值显著，可广泛应用于冷链仓储管理、运输路径优化、温湿度智能调控等领域，显著提高运营效率，降低能耗和损耗，具有重要的行业引领作用和推广价值。

通过开放平台和合作模式，冷链物流企业可以快速接入华鼎雪豹数智大模型，实现智能化升级。这一模式不仅降低了企业的技术门槛，还能加速冷链物流行业整体的智能化进程。

未来，华鼎冷链科技将秉持着商业向善、科技向善的理念来服务行业，继续加大研发投入，推动华鼎雪豹数智大模型的技术创新和生态体系建设，通过引入更先进的 AI 算法和物联网技术，进一步提升华鼎雪豹数智大模型的智能化水平，进而促进行业内的协同创新，推动产业链上下游的深度融合，创造更大的社会价值。

<table>
<tr><td>河北港口
集团</td><td>大型集团一体化物资
管理解决方案</td></tr>
</table>

一、企业概况

河北港口集团有限公司（以下简称"河北港口集团"）于 2022 年 10 月 30 日重组成立，是河北省属国有大型骨干企业，包含秦皇岛港、唐山港（京唐港区、曹妃甸港区）、黄骅港"三港四区"，有港口运营、现代物流、投资运营、园区经济四个主营业务板块，拥有秦皇岛港股份有限公司（A+H 股）、唐山港集团股份有限公司（A 股）2 家港口类上市公司，是全球最大的煤炭下水港、全国重要铁矿石接卸港、环渤海地区重要集装箱枢纽港，2024 年实现货物吞吐量 8.42 亿吨，在全国沿海主要港口集团中排第三位。

自河北港口集团成立以来，勇当"向海发展、向海图强"先锋，聚焦服务国家重大战略、向海强链补链、建设美好生活三大使命任务，加速各业务领域优化整合，实现"规划一张图、建设一盘棋、运营一体化"高效管理，形成协同联动的集群效应。

物资管理作为港口运营的保障核心，对生产运营效率影响重大，河北港口集团组建"运行保障板块"，以集中采购中心（以下简称"集采中心"）为运营主体，以"运行保障、降本节支、风险防控、生态涵养、价值创造"为物资管理定位，负责集团物资集中采购、平台运营、运行保障、风险防控等重点工作，着力推进"三港四区"一体化物资管理。集采中心通过构建一体化物资管理模式，强化物资集中管控，将供应链管理理念穿透物资管理全过程、全场景、全要素，逐步实现从"采购交易"向"战略协同"转变，从"资源整合"向"价值输出"转变，从"内部市场"向"区域市场"转变，构建高效、协同、智能的供应链生态，为河北港口集团高质量发展提供安全、稳定、可持续的供应链保障服务，奋力打造"河北样板"。

二、物资管理典型问题

物资管理整合前，各港区的货类相似、设备相近，物资品类和管理方式也基本相同，虽然具备一体化管理的基本条件，但也存在诸多问题和挑战。

一是物资种类多，管理复杂。河北港口集团物资共分为 9 大类、40 小类，包含燃料、通用机电设备、机械配件、电气配件、船舶配件、工程机械、工具、劳保用品、办公用品等，主要用于港口生产运营与维护。为满足不同单位、不同生产线、不同设备的运行需求，采购物资达 12 余万种，种类多样，采购额大。随着河北港口集团规模的扩大和业务的多元化，物资种类呈增长态势。

二是机构分散，管理效能低，协同能力弱。河北港口集团下有控股子公司120余家，分布于秦皇岛、唐山、沧州、邯郸等多地，各单位分别设置了物资管理机构，负责单位物资采购、仓储管理等工作。由于物资管理组织机构分散，缺乏统一的协调机制，各单位流程不统一、需求各异、信息化水平参差不齐，导致资源浪费、库存积压等管理低效问题突出，且存在管理漏洞和潜在风险。例如，各单位分散采购相同物资，重复采购导致资源浪费和成本增加，同时还可能出现同一物资多种价格的现象。

三是缺乏供应链管理思维，保障能力弱。虽然供应链管理理念不断深入人心，被越来越多的企业重视，但仍存在认知偏差、系统缺陷和执行矛盾等问题。在认知上，重采购轻仓储、重价格轻质量、重内部轻协同，导致供需失衡；信息孤岛、技术滞后、风控薄弱等短板，制约管理精细化和决策科学化；在执行中，管理模式僵化，内部横向、外部纵向沟通不畅，无法建立信任共享机制，导致供应链难以实现全局优化。例如，"降本"考核机制迫使采购依赖低价中标，虽满足短期降本要求，但加剧了物资质量风险，还可能增加维修返工、停工停产等隐性成本，与降本目标背道而驰。

四是廉洁风险突出，管控难度大。物资管理因涉及权力与资源集中，廉洁风险高发且管控难度大，如供应商选择环节的利益输送、招投标中的围标串标、履约验收偏差等典型风险，且风险类型复杂、贯穿采购全流程，传统人工监管难以应对隐蔽性违规，易导致成本虚增、质量失控等后果，造成国有资产流失。

三、解决方案

为解决以上问题，集采中心大力建设"采购与交易的数字化基础设施平台"，连接内部需求与外部资源，夯实基础，建立链条完整、功能完善、合规安全的平台系统；针对采购成本高、效率低的问题，创新集采方式，整合资源，发挥一体化管理聚合优势，实现高质量物资供应与服务；针对仓储管理效率低的问题，升级供应链仓储体系，以"一仓一库一体系"仓储理念持续提升物资保障能力；针对采购领域合规风险高的问题，强化合规管理，搭建全方位的风险防控体系，为物资运行保障工作的稳步推进提供坚实支撑。

（一）强化顶层设计

建立"1+1+4"组织架构。第一个"1"是指成立以集团主要领导为组长的采购管理工作领导小组，负责重大事项审定、重要制度审核；第二个"1"是指组建集团集采中心，统筹推进集中采购、平台运营、运行保障、风险防控等各项工作，指导、管理、考核采购分中心工作；"4"是指在秦皇岛、唐山、曹妃甸、黄骅成立区域性采购分中心，承担所在地列入管理范围单位的集中采购、计划申报、到货验收、存货盘点、仓储配送及集团授权的其他工作。"1+1+4"扁平化、区域化组织机构，实现运行保障工作推进快、权责明、边界清。

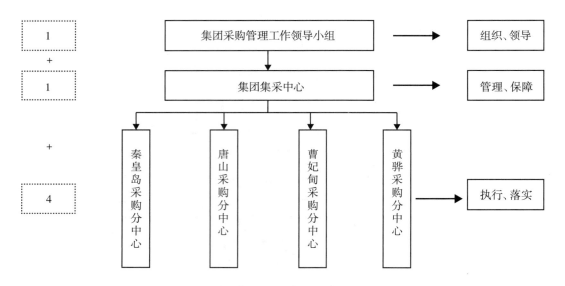

图 1 河北港口集团"1+1+4"组织架构

构建"1+N"制度体系。立足跨地域、跨港口、集团化新发展阶段，明确发展方向、认清发展形势、融合各港区管理实际，构建以《河北港口集团物资管理办法》为统领的"1+N"制度体系，做好计划管理、编码管理、采购管理、仓储管理、废旧物资管理、物资系统管理等细分领域制度建设，明确标准化流程，规范集采程序，强化制约监督，形成全领域覆盖、全要素清晰、全流程规范的制度建设新格局。

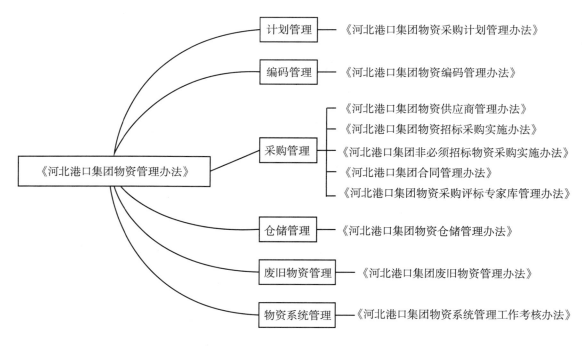

图 2 河北港口集团"1+N"制度体系

（二）构建"采购与交易的数字化基础设施平台"

集采中心坚持系统思维、全局谋划，以"双平台"（集采业务一体化管理平台、智慧物资采购平台）为支撑，推动物资管理标准化、数字化。

1. 标准化：统一编码

统一基础语言，结构化数据支撑，建立统一规范、科学易用的物资编码体系。以"一物一码"作为物资的"身份证"，穿透物资计划、采购、入库、出库、消耗、财务核算、统计、风险防控等各环节的数据传输、索引、存储，是实现物资全生命周期平台化管理的数据支撑。

2. 数字化：搭建"双平台"

根据不同的管理职能进行功能模块设计，合理划分内、外网业务，"集采业务一体化管理平台"主要实现集团内部物资全生命周期管理，"智慧物资采购平台"主要实现内部需求与外部供应商资源的连接，通过平台间的广泛互联共享数据信息，在保障数据的安全性的基础上，提高物资管理协同效率。

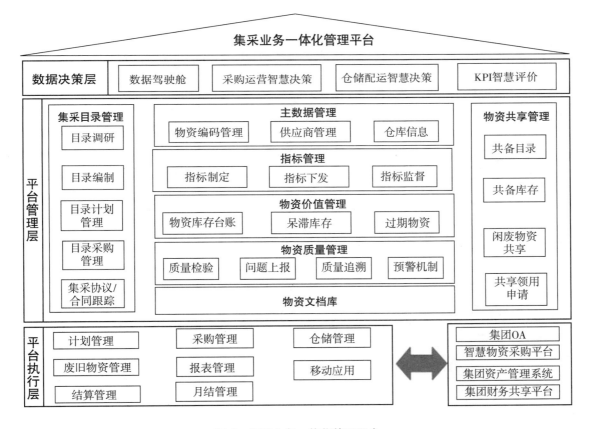

图3　集采业务一体化管理平台

搭建集采业务一体化管理平台。设置集采目录管理、物资共享管理等模块，与智慧物资采购平台、集团OA、集团财务共享平台等业务系统实现广泛互联、统一管理、集中控制。同时，为用户提供仓储管理一站式解决方案，规范物资管理业务流程，系统应用覆盖可视大屏、移动应用 App、WMS 立体仓库、智能柜、智慧仓库等众多业务场景，实现物资备件从补货计划申报至废旧处置全生命周期管理。

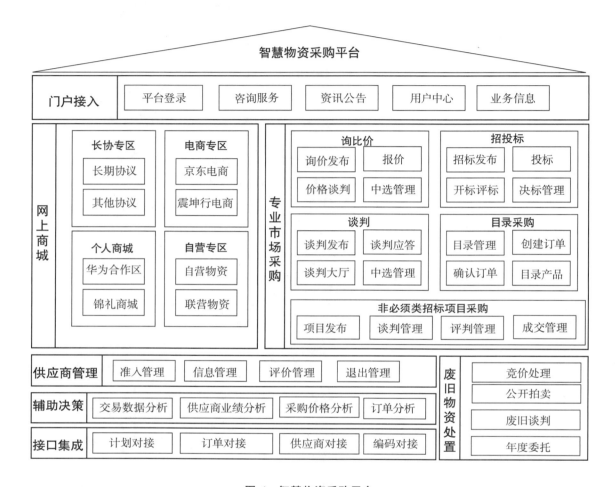

图 4　智慧物资采购平台

升级智慧物资采购平台。智慧物资采购平台是"供应端"（供应商）与"需求端"（用户）实现采购交易的操作平台，通过接口与集采业务一体化管理平台实现数据对接，确保物资采购业务全流程的无缝衔接。整合全集团供应商，建立集团分级分类、统一管理的供应商名录，规范供应商准入评价、动态管理，构建高质量供应商集群，打破使用界限，打通共享通道，为用户提供更多优质采购渠道。供应商可在平台注册、更新、维护公司信息，查看并回应采购询价，查询历史订单等。用户可自主选择询比价、谈判、目录采购、招投标等多种采购方式，通过平台完成供应商寻源、比选、决标、下单的采购全流程，还可根据权限查询采购订单全流程信息，实现关键节点线上审批。

（三）迭代升级集采新方式

综合运用"集、聚、智、惠"四种物资集采模式，驱动采购管理由围绕订单采购向聚焦渠道转变，由供应导向向需求导向转变，由分散采购向集中采购转变，在更好地满足用户需求的基础上，有效降低总成本。"集"是指采集需，采购金额大的大宗物资通过集中需求进行品类优化，带量采购，提升议价优势，在更高层面选择供应商，做好源头管控，议定价格，形成框架协议，全面实现提质降本目标。"聚"是指采集供，深入研究各港区通用物资采购需求和渠道，将差异化需求"聚合"到优势品牌，选择实力强大、品类丰富、品质稳定的供应商，形成战略合作关系，既能够满足个性化需求，又能够获得更优的价格、更优的质量和更优的服务。"智"是指采集控，专用物资通过平台实现采购全过程可视、可管、可控、可追溯，平台内置采购规则，询价自动匹配供应商，智能比对历史采购价格、市场价格，有效规范采购流程、控制采购价格，降低采购风险。"惠"是指采集优，对接国内成熟的垂直类电商，自建"自营商城"，约束外部电商随意调价行为，构建可视化场景，形成全市场竞争，实现办公用品、小件劳保、职工福利、活动奖励等个性化拣选、一站式下单、分布式配送，满足职工个性化需求。同时，建立采购后评价机制，开展集采物资满意度调查，综合评价采购结果质效，总结经验，整改问题，提升集采项目管理水平，形成闭环质控、循环优化的采购后评价体系。

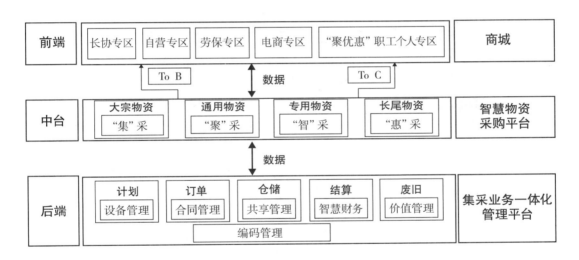

图5 物资集采系统架构

（四）建立高质量运行保障体系

以"选定中心仓、布局分布式前置库、构建智慧仓储管理体系"的"一仓一库一体系"推进仓储模式全面升级，畅通"库存数据互通、物资共享调剂"通道，不断优化库存结构，提升物资保障能力。

实施联储共备。做好联储工作实施的顶层设计，根据不同物资的特点，制定差异化联储策略，明确联储模式：一是定期更换的物资，联储以供应商循环备货为主，安全备货为辅，适用于钢丝绳、输送带等大宗物资；二是日常消耗的物资，联储以供应商按照最低库存备货、定额联储，保障安全库存，适用于托辊、轴承等物资；三是通用性高且普遍使用的物资，联储以"智能柜"模式实施，保障7×24小时高效、集成供应，适用于日常办公用品、低值标准件等物资。搭建物资共备体系框架：一是搭建系统框架，以集采业务一体化管理平台畅通

"三港四区"共备信息通道，仓储信息实时互通共享，实现集团内关键物资的智能共备；二是搭建制度框架，建立物资共备合作流程，实现港际港内单位之间物资快速调配，强化运行保障；三是搭建物资主体框架，收集集团内物资共备清单，科学制定仓储分布，进而提高整体存货利用率，降低集团存货资金占用。

开展库存定额管理。始终坚持"控增量、减存量"，制定各单位仓储定额指标，并对执行情况进行实时监督与动态考核，处理长期积压存货，分类制订处置方案，有效降低存货资金占用，严控存货规模。

推进库存精细化管理。通过集采业务一体化管理平台实现物资库存信息查看、物资验收、物资出入库、物资退换货、物资配送的在线管理，系统智能化加人工核验，全面提高仓储作业效率、库存准确率和库存周转率，实现透明化、实时化的仓储管理。集采中心创新燃油物资供应模式，与中石化中海燃供建立战略合作关系，实施燃油 VMI 模式，并将服务延伸到燃油加注环节，增加油罐车现场加油服务，服务链直达终端，为用户提供更加便捷、高效的燃油配送服务。

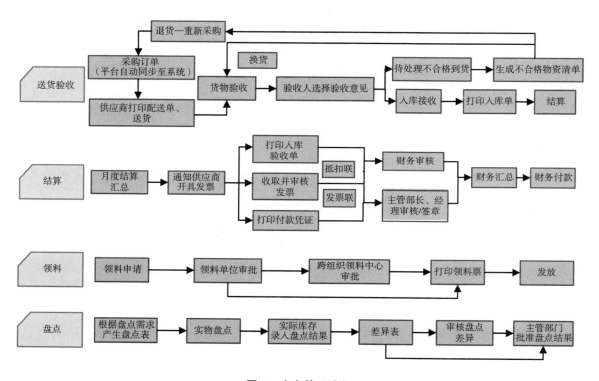

图 6　库存管理流程

构建废旧物资"中心仓+公开拍卖"新模式。实现废旧物资"计划归集、分区存储、共享调配、批量处置"的规范化、数字化、一体化运行，获取最优处置效率和最大处置效益。强化危险废物集中规范管理，建立危险废物仓储专用库，实现分类、分区储存，细化危险废物管理台账，建立现场巡查机制，确保危险废物规范贮存、合理处置。通过废旧物资的统一管理，全面做好废旧物资管控工作，发挥提质增效作用，助力绿色港口建设。

（五）建立全方位风险防控体系

构建合规流程管控体系。统筹推进合规管理与法务、内控、风险协同运作，聚焦核心业务流程、关键控制环节、监督监管机制等关键要素，系统梳理物资管理各领域的工作机制、运行流程、管理要求，构建物资业务流程管控体系，并将管理要求嵌入"双平台"，实现典型风险智能识别预警，提高风险防控效率和精准度。

建立集团物资系统联查机制。以"1+N"制度体系为依据，以物资系统联查为抓手，监督指导集团各单位物资业务合规运行，全面提升物资管理水平，有力保障各项工作部署落实落地。

构建管控结合的安全保障体系。强化业务平台、信息系统和数据资产的安全管理，落实网络安全法、等级保护规范和关键信息基础设施安全保护等要求，建立完善的数据分级分类保护制度，确定重要数据目录，并强化其防护能力，系统性规避数据滥用、泄露等安全风险，保障平台系统的安全运行。

（六）建立指标评价体系

为全面评估一体化物资管理的实施效果，集采中心建立了科学、系统的指标评价体系，不仅能量化实际成效，还能为后续优化提供数据支撑和决策依据。通过设定明确的指标，精准识别物资管理中的优势与不足，确保全业务链条各环节的高效运作。

表　指标评价体系

	评价指标	指标定义	评价标准
集中采购	集采率	集中采购物资金额占总采购物资金额的比率	集采率＝（集中采购物资金额÷总采购物资金额）×100%
	集采成本节资率	实施集采前后的采购成本降低比率	集采成本节资率＝[（实施集采前成本-实施集采后成本）÷实施集采前成本]×100%
联储共备	联储覆盖率	联储物资种类占总采购物资种类的比率	联储覆盖率＝（联储物资种类÷总采购物资种类）×100%
	共备覆盖率	共备物资种类占总采购物资种类的比率	共备覆盖率＝（共备物资种类÷总采购物资种类）×100%
	年度库存资金压降率	库存较上一年度压降比率	年度库存资金压降率＝[（本年末库存资金-上年末库存资金）÷上年末库存资金]×100%
	库存周转率	库存的周转效率	库存周转率＝（期间出库总金额÷平均库存金额）×100%
平台运营	平台覆盖率	集团内使用平台的用户占集团内总用户的比率	平台覆盖率＝（集团内已使用平台的用户÷集团内总用户）×100%
风险防控	风险事件发生率	采购过程中发生风险事件数量占总采购次数的比率	风险事件发生率＝（风险事件发生次数÷总采购次数）×100%

续表

评价指标		指标定义	评价标准
综合效益	采购成本节资率	综合节约的采购成本比率	采购成本节资率=〔（原采购成本−现采购成本）÷原采购成本〕×100%
	采购周期缩短率	采购周期缩短比率	采购周期缩短率=〔（原采购周期−现采购周期）÷原采购周期〕×100%
	用户满意度	用户对物资采购的满意度	根据采购后的评价，获取用户满意度评分，计算平均分

四、主要成效

河北港口集团通过创新实践，不仅破解了传统物资管理"各自为政、效率低下、价高质次"等行业困局，更探索出一体化物资管理新路径，实现组织架构重构、业务流程再造、服务模式创新，在提升供应链韧性的同时，让全体职工共享管理变革成果，助力集团高质量发展。

快：体系化建设跑出加速度。自2022年12月成立运行保障板块以来，通过"三步走"战略快速构建现代管理体系；2023年4月完成三级组织架构搭建，分步推进各级机构设置及人员配置；逐步完成制度体系建设、业务流程管控体系建设、风险防控体系建设、采购后评价体系建设，推进"双平台"的全覆盖；持续创新业务管理，集采项目逐项落地，联储共备机制逐步完善，平台运行日趋顺畅，物资一体化管理促进系统融合、资源整合，形成强大合力，在港口行业物资管理整合中呈现后来居上的态势。

准：靶向施策破解行业顽疾。以制度创新牵引管理升级，通过"采储联动"机制，将采购与仓储联合考量，创新集采方式和仓储模式，优选实力强的供应商建立战略合作关系，形成规模采购的"三优效应"，即质优、价优、服务优；业务流程内嵌"双平台"，构建"执行层+管理层+决策层"三级架构，实现物资管理全流程的标准化、可视化、透明化，进一步提高流程管控和执行效率。

好：降本增效实现双突破。2024年采购成本同比下降5.3%，实现降本1800万元；库存总量压降4.15%，释放资金占用1300余万元，虽然库存压降，但应急保障能力不降反增；平台采购周期最快缩减至1天，采购效率显著提高。

乐：用户获得感与满意度双提升。集采中心聚焦体验提升、价值创造和"河港商城"焕新升级，通过B端供应链优化与C端场景创新双向发力，为用户提供更加便捷、高效、优惠、个性的采购体验。同时，多渠道征集并采纳合理化建议，快速准确地响应用户需求，获得高度认可与好评。

五、未来规划

未来，集采中心将以用户为中心，以市场为导向，依托"采购与交易的数字化基础设施平台"，分阶段、分步骤推进市场化运作，以安全稳定、集成高效、绿色共享的供应链体系，拓展价值半径，扩大商业版图，实现集团内部用户向外部用户的连续延拓，打造品牌效应，吸引周边企业共存通用，创造管理价值，服务地方经济发展，助力港产城融合发展。

（一）持续加载全品类采购场景

全面深化"B—B—BC"运行模式，持续加载物资、工程项目、设施设备、服务发包、劳务用工、员工福利等全品类采购场景，满足B端、C端内外部用户的多样化需求。通过不断丰富采购场景，集采中心将进一步提高综合服务能力，为用户提供一站式解决方案。

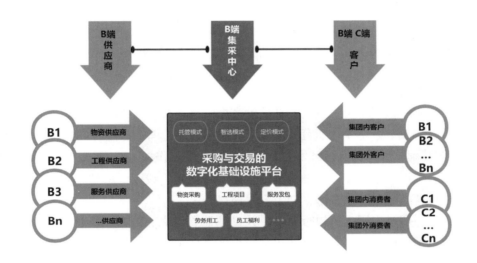

图7 采购与交易的数字化基础设施平台

（二）持续提升平台智能化水平

通过技术手段持续升级平台服务能力，进一步优化采购流程，提升平台智能化水平。依托大数据分析、人工智能等技术，实现采购需求的精准预测、供应商的智能匹配、采购价格的动态优化、库存的共享调配，进一步提高物资管理效率和用户体验。同时，将加强平台的用户体验设计，提供更加便捷、直观的操作界面，满足不同用户的个性化需求，持续提升用户满意度。

（三）稳步推进市场化转型

加快市场化转型步伐，由服务内部用户向服务外部用户转变。通过推出托管模式、智选模式、定价模式等三种服务模式，为外部用户提供灵活、高效的采购服务。托管模式是指提供供应商管理、采购管理、仓储管理、废旧物资管理等全链条管理服务，用户只需要提出需求，集采中心负责全流程管理，有效降低用户的采购、仓储、人工等运维成本，提高运营效率。智选模式是指提供管理设施、管理资源，用户可根据自身需求灵活选用服务组合，有效匹配用户现有资源，避免浪费。定价模式是指综合发挥"集、聚、智、惠"采购优势，优化商城服务，前置定价环节，为用户提供品类丰富、价格更优的"一键点选"便捷采购服务。

享宇 | 打造"数字仓融通"平台，
科技 | 科技赋能助力乡村振兴

一、享宇科技简介

四川享宇科技有限公司（以下简称"享宇科技"）成立于 2014 年，是一家专注于为中小银行提供数字化小微贷解决方案及农产品动产融资整仓授信方案的金融科技企业。

秉承"专注、引领、激情、责任、共赢"的企业文化，享宇科技自主研发信贷 IT 系统、运营 IT 系统等基础软件，拥有国家发明专利 9 项、软件著作权 110 项，合作金融机构 67 家，业务覆盖全国多省区，累计支撑金融机构放款超 240 亿元，践行"科技让金融更有温度"的使命，致力于以科技赋能普惠金融，助力乡村振兴。

享宇科技先后通过中国人民银行金融科技创新监管试点、国家高新技术企业认定、成都金融科技企业认定、PIA 二级个人信息安全保护评估认定、工信部金融风控类数据流通标准符合性测试、公安部等保三级检测、ISO9001 质量管理体系认证、ISO27001 信息安全管理体系认证、ISO20000 信息技术服务管理体系认证，荣获工信部第三届"绽放杯"5G 应用征集大赛金融科技专题赛一等奖、四川省重点大数据企业、四川省专精特新中小企业等荣誉。

二、"数字仓融通"背景

四川省成都市彭州市是全国现代农业示范区，年产蔬菜 230 余万吨，产值约 120 亿元，同时拥有西南地区最大的农产品集散物流中心——四川国际农产品交易中心，全年农产品交易额达 500 亿元。彭州市紧密结合农村金融综合服务改革试点工作，从 2013 年开始尝试将耐储存、价值高的农产品作为抵质押物，积极探索以农产品等动产为抵质押物的农村产权融资模式。2016 年，中国人民银行彭州市支行、彭州市农业农村局、彭州市国资金融局以问题为导向，创造性地构建了农产品金融仓储服务等"十大机制"，奠定了"数字仓融通"项目实施基础。

彭州市的仓单质押融资模式采用静态质押方式，仓单形态为非标仓单，由本地入围的仓库（冻库）存储货物，银行直接提供融资服务，形成"农户（农业企业）+银行+仓储公司+保险公司+评估公司"多方合作模式。该模式虽然能够利用本地仓储资源，降低仓储公司风险和监管成本，但由于依赖线下纸质流程，在前期实践中暴露出诸多问题：一是质押业务信息分散，参与主体较多，涉及仓储、保险、评估、信贷等多方信息，数据易被篡改且管理混乱，导致数据管理质量和效率降低；二是质押业务效率低，纸质文书传递耗时长，而蔬菜批发市场价格波动快，导致借款人难以及时获得融资而错失商机；三是贷后风险管理难，由于农产品存在价格波动大、存储监管难等特性，银行、担保机构和保险公司面临较大的管理压力，增加了金融机构对风险管控的担忧。

为解决新的难点问题，在彭州市金融监管支局、彭州市国资金融局和彭州市农业农村局的指导下，享宇科技打造了"数字仓融通"平台，有效整合数据流、资金流、货物流，构建了全新的动产抵质押融资服务模式。

彭州市"数字仓融通"平台成功探索出农产品动产质押融资新的实施路径，并充分发挥金融科技优势，提高了融资的灵活性和便利性。自上线以来，农产品仓单质押实现了增量扩面，质押标的已从单一的大蒜扩展到10余种耐储存农产品及中药材；已累计办理"数字仓融通"业务111笔，发放贷款共计11920万元，撬动社会资金约7亿元，受益农户20000余户。

三、"数字仓融通"平台介绍

"数字仓融通"平台通过"区块链+物联网"技术，将农产品存货转化为金融机构认可的数字信用资产，有效解决中小微企业融资难题。"数字仓融通"平台专注于农业品和畜牧品等产融领域，以智慧畜牧、数字粮食、数字冻品、数字乡村等为核心展开科技创新与赋能，并形成了一系列"供应链+数字金融"的落地场景。"数字仓融通"平台盘活农村资产资源，因地制宜打造特色化融资模式，疏通田间商贸"最后一公里"动产融资服务。

"数字仓融通"平台为银行、保险公司、担保公司、仓储公司和申请农产品仓单质押的货主提供了线上服务入口，实现了传统农产品仓单服务线上化自动流转。针对系统竖井、数据孤岛，仓单系统、金融仓储监管系统实现数据互通、货物信息标准化、协同效应；实现信息交互、数据共享，满足金融机构对金融仓储服务的"透明化、穿透式、专业化"保管和监管要求。

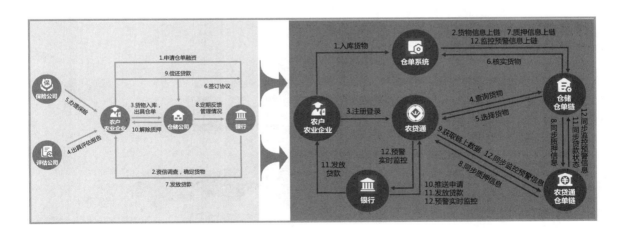

图1 "数字仓融通"平台理念设计

"数字仓融通"平台运用区块链、大数据、物联网等技术，搭建应用平台，将存货的类型、数量、质押状态等信息上链存证，并通过物联网智能摄像头实时监测仓储农产品状态。在仓单质押融资场景中，"数字仓融通"平台辅助银行高效评估和管理质押农产品，提升银行仓单质押融资的风控水平，同时帮助农产品货主高效、便捷地获取融资支持。

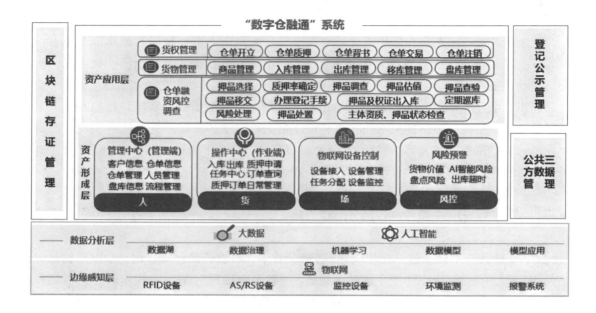

图2 "数字仓融通"平台的核心功能

（一）仓储管理功能：非标仓储仓单货物信息数据标准化、可视化

在不增加仓储额外成本的前提下，利用货物出入库、货物盘点、订单信息、财务管理和人员配置等相关功能，将传统非标仓储业务中的货物品类、货物数量、货物单价等信息可视化、可管控化，为质押融资提供有效的评估数据。同时，通过多方数据互通，提升业务透明度，解决质押业务信息散的痛点。

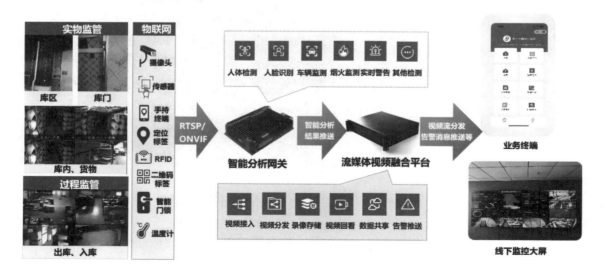

图3 物联网仓储监管

（二）贷后管理功能：AI 预警、多种风险预警管理

贷后管理功能通过 5G 技术，降低金融风控业务风险。该功能融合了视频分析、图像处理、模式识别和 AI 等技术，可以实现入侵监测报警、物品看守等实时监控预警。货物价值、出库时间、货物盘点等多维度智能预警功能，为银行、保险公司等机构提供货物风险监管解决方案。

图 4　AI 图像识别、货物远程监控和多维度预警功能

（三）货物质押管理功能：区块链提供可信数据，杜绝虚假仓单

货物质押管理通过业务流程操作、资料提交和质押物信息数据上链，构建账存与实存的数字化映射关系，实现对质押物的特定化、数字化管理，从而有效规避虚假库存、虚开仓单、监管责任履行不到位等问题。线上化操作将贷款周期大幅缩短，解决质押业务效率低的痛点。

图 5　金融机构质押业务相关流程数据上链

四、"数字仓融通"的价值意义

（一）普遍性

让缺乏清晰不动产权的农户和农企获得普惠金融服务。在实际金融交易过程中，由于农企和农户存在贷款额度小、经营分散、可供抵押资产较少、缺失真实经营数据和无法评估其信用水平等问题，往往难以满足传统金融机构信贷条件的要求，从而无法获得有效的金融支持与产业升级机会。"数字仓融通"解决了银行对仓储动产资产的确权难的问题，使农企和农户能快速获得低息贷款，扩大生产规模，减少滞销损耗。

为金融机构提供了农业金融创新的更多可能性。"数字仓融通"平台通过融合技术创新、制度优化和模式升级，打造新型的金融服务体系，并因地制宜地将产品引入彭州市，已有5

家银行机构参与合作。以真实仓储和贸易为背景，以实物资产为依托，将实物资产数字化、数字资产标准化，实现数字资产融资可获得性。金融机构加强抵押资产实时线上监管，助力产业提升数字化和信息化管理。获得可信数字仓单，降低动产质押风险，同时能拓展三农贷款增量市场（单户授信额度提升10倍）。

仓储物流企业在农业与金融产业中获取长期收益。在不增加额外仓储成本的基础上，实现线上数字化，吸引更多企业入驻，提高仓储利用率；增强仓储物流企业的获客能力，提升业务附加值和盈利能力，仓储物流企业可新增金融监管服务费。

协助政府整合农业资源，发挥资源集聚效应。"数字仓融通"构建底层数字资产"可见、可控、可穿透、可溯源、可融资"的数字金融一体化服务平台，对区域内农业资源进行全面且深入的整合，有效挖掘各类潜在优势，盘活闲置仓储资产，充分发挥资源集聚效应。

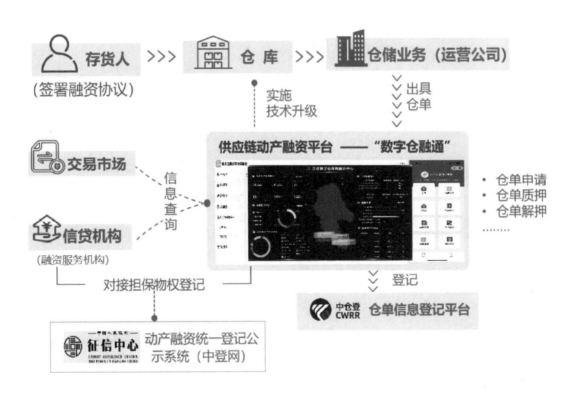

图6 "数字仓融通"农产品仓单质押模式业务流程

（二）创新性与先进性

1. "数字仓融通"实现创新机制线上化

彭州市农产品仓单质押融资模式聚焦仓单质押五大难点，积极探索构建十大机制，并通过"数字仓融通"平台实现全流程线上化。聚焦农产品评估难点，建立价值评估机制和价格推送机制；聚焦农产品存储难点，建立农产品金融仓储服务机制和保险机制；聚焦银行风控难点，建立平仓机制和风险分担机制；聚焦质押货物交易难点，建立提前解质机制和仓单置换机制；聚焦仓单质押运行难点，建立巡查机制和政策支持体系。

2. "数字仓融通"推动效率提高

提高仓储端作业精准度和金融机构协同办理效率。通过将仓单质押融资、抵押农产品相关信息上链，并将相关操作流程信息化再造，有效优化银行仓单质押融资业务的办理时效，缩短农产品质押货主的贷款申请时间。

降低贷后管理货物的监管风险，节省原有机构人工成本。通过区块链技术上链存证可信的农产品类型、数量、质押状态等信息，结合质押农产品的实时监控数据，辅助银行贷后高效管理质押农产品。

图 7　仓单置换流程线上化

通过区块链防篡改能力，提升数据安全和管理水平。在数据安全方面，基于区块链技术，实现仓单质押相关信息的可溯源、不可篡改，保证了仓单质押融资过程的数据安全性。

提升农户服务质量，优化融资渠道，缩短审批时间。在服务渠道方面，将仓单质押融资的传统线下渠道拓展至线上渠道，提高了申贷主体的业务效率，为农产品仓储货主提供高效的仓单质押融资服务。

3. "数字仓融通"创新亮点

标的新。对接国家数据要素市场发展战略，提供货权明晰、价值稳定、易于变现的耐储存货物和数据服务，探索以存货（仓单）为新型抵质押物开展信贷服务，推动传统抵质押清单扩容和信贷模式创新，促进数据和金融市场融合。

流程新。相比传统的银行信贷模式，动产资产信贷服务增加了贷前资产登记、审核与认证环节。通过"数字仓融通"平台，对各类数据资产进行前置审核，对不同货物资产进行归集分类，促进金融服务与资产风险收益特征相匹配。

管控新。动产质押服务在风险管控上具有全流程动态控制、实时信息共享、资金资产双重监控、信息双向流动等特点，切实做到"评得明、贷得出、用得好"，提升数据资产信息披露的安全性和透明度。

基础设施新。基于交易所区块链基础设施平台，对货物资产抵质押物进行数字身份认证，并创建账户资产，生成管理相关资产项智能合约，为拓展多元化仓储货物抵押场景奠定了基础。

（三）社会效益

"数字仓融通"平台不仅提高了农产品的收购效率，保证了"优质优价"良性市场的建立，还延伸了农产品产业链，从而推动农民持续增收、产业持续增效。农业农村部组织专家团队，在梳理各地、各金融机构选送的金融支农惠农好经验、好做法的基础上，遴选出可复制、可推广、可学习借鉴的典型案例"四川省农产品'数字仓融通'质押融资模式"。"数字仓融通"已经成为彭州市的金字招牌。

成功探索出农产品动产质押融资新的实施路径。彭州市农产品"数字仓融通"平台调动多方力量，强化组织保障、体制机制建设、产品服务创新，实现了传统的纸质仓单向标准化的电子仓单转变，创新探索出以农产品动产为质押物的融资新模式。目前，该项目已在内蒙古包头、安徽阜阳等地复制推广。

促进了都市现代农业产业链的发展。"数字仓融通"项目将金融科技与传统金融相结合，使农产品的市场价值得到充分体现，实现农民持续增收与产业持续增效的双赢局面，为都市现代农业产业链注入强劲的发展动能。

支持产业兴旺，精准扶助"三农"，助力乡村振兴。有助于优化资金配置，缓解农产品生产加工企业面临的融资难题。农产品仓单质押融资模式通过提高贷款额度、提供优惠政策等方式，缓解农产品经营户的资金需求，助力乡村振兴战略的实施。

惠龙交运	河南省浚县多站多网资源共享、
集团	客货邮融合发展

为贯彻落实党中央、国务院关于全面推进乡村振兴工作的部署要求，深入推进农村客运、货运物流、邮政快递融合发展，更好满足农村群众出行、货运物流、寄递服务需求，交通运输部等9部门印发了《关于加快推进农村客货邮融合发展的指导意见》（交运发〔2023〕179号），进一步促进城乡交通运输一体化。河南省浚县高度重视客货邮融合发展，按照"路运并举、客货兼顾、运邮结合"要求，坚持"政府主导、部门联动、企业参与"原则，出台快递村村通园区免费使用等扶持政策，依托浚县惠龙公交有限公司"城乡公交+物流配送"基础服务模式，积极探索全域公交"1+1+1+N"（3个"1"分别指公交、物流、邮政，"N"指旅游、商贸、农特产品等行业资源）的客货邮融合发展、多站多网资源共享的发展模式，并取得了良好的效果。浚县的这一典型做法，被列为全国交通运输领域乡村振兴创新案例和中华人民共和国成立75周年交通强国典型案例，其成功经验被央视新闻报道，为助推乡村振兴贡献了力量。

一、浚县客货邮基本情况

浚县隶属河南省鹤壁市，位于河南省北部，县域面积966平方千米，现辖7个镇、4个街道办事处、438个行政村。现有客货邮合作线路46条，客货邮车辆424台（其中，带货客车398台、货运班车26台），县乡村三级客货邮综合服务站点448个，平均每天代运邮件快件约7.5万件，下行工业品约180吨，上行农产品约100吨。

鹤壁惠龙交通运输集团有限公司（以下简称"惠龙交运集团"），是国内首家以公交公司为主体，组织三通一达、极兔等快递企业参与成立的供应链公司，在省内率先推动不同快递企业"三段码"互认和统仓共配，实现统一经营管理，初步搭建县域物流快递的"一县一网一公司"。惠龙交运集团作为浚县城乡交通运输一体化和客货邮融合发展工作的主要载体，主要经营城际城市城乡公交、农村客运班线、省市际班线、汽车客运站、出租车、网约车、定制客运、物流快递配送等全方位交通运输服务。

二、浚县客货邮主要做法

（一）坚持高位推动，绘就客货邮融合发展"路线图"

一是成立高规格的领导组织。成立以县长为组长，主管县长为副组长，各镇（街道）和有关部门主要负责人为成员的领导小组，及时研究解决难点问题，统筹协调推进创建工作。连续3年将客货邮融合发展纳入政府工作报告，作为政府重点工作来抓，形成了政府主导、部门联动、企业参与、齐抓共管的工作格局。

二是建立科学化的规划体系。编制出台《浚县创建农村客货邮样板县实施方案》《浚县电商快递进村实施方案》《浚县农村客运网络规划》等一系列文件，构建了覆盖全面、功能完善、相互衔接的规划体系。

三是强化资金政策保障。县政府投资（约2.6亿元）建设白寺客货邮融合发展运营中心，供相关企业免费使用。将原乡镇交管站、公路道班作为乡镇综合服务站点，供相关企业免费使用。

四是组建多元化的经营主体团队。面对道路客运、农村客运市场持续萎缩的情况，县政府积极引导浚县惠龙公交有限公司转型发展，以公交公司为主体，整合三通一达、极兔等县域物流快递资源，成立浚县中达供应链管理有限公司，对白寺客货邮融合发展运营中心统一经营，打造了县域范围内快递配送"一站式"服务。

（二）健全"县乡村"三级节点体系，实现客货邮多站多网合一

浚县结合实际需求，通过建设白寺客货邮融合发展运营中心、汽车客运总站物流配送中心等2个县级物流快递配送中心，成为河南省内首个真正实现统仓共配的县域物流中心。将乡镇客运站、闲置的乡镇交管站和公路道班升级改造为8个乡镇综合服务站，并在全县438个村选择党群服务中心、村邮站、超市、农资服务社等场所，通过合作等方式设置村（社区）服务站点，形成了县、镇、村三级农村物流网络体系。各级服务站点提供长途订票、公交办卡、农村物流快递收发、农资信息、农村电商等多种综合服务，实现了一站多能、共享共用。

（三）创新"城乡公交+物流配送"，实现客货邮融合发展

一是创新客快融合，实现快递进村。充分利用通达全县的公交网络资源，创新利用公交车辆的富余装载空间及小型专业物流车辆开展城乡物流快件配送，形成了"城乡公交+物流配送"模式。目前，在物流园区开通客货公交线路，为圆通、申通、韵达等9家快递企业代送县城至乡镇、各村的物流快件，日均配送快递约6.5万件，降低总配送费用约2万元。

二是试点客邮融合，加快服务覆盖。在"城乡公交+物流配送"基础上，惠龙交运集团与县邮政公司签订《交邮合作协议》，在汽车客运总站建设邮件包裹中转分拨中心，充分利用城乡客运车辆发车频次高和线网覆盖面全的优势，为县邮政公司向镇村网点捎带快件，日均配送邮政包裹快件约1万件，降低总配送费用约0.3万元。

三是开通货运班线，整合零担物流。浚县惠龙公交有限公司结合浚县零担物流配送实际，设立物流配送分公司，开通了汽车客运总站集配中心、万邦农产品批发市场等重要货运集配节点到各乡镇的城乡货运班线8条，建设货运集配站点近500个，对零担货物进行集约统一配送，极大地提高了零担物流配送效率，实现了县域内零担货运当日达。

（四）打造交通综合信息平台，实现客货邮精准服务

一是建立客货邮运营网络监管平台。实时分析客货流分布，实现对城乡客货运输的信息

化监管。

二是建立客货邮综合运营信息服务平台和"浚县交通出行"微信公众号。提供公交实时定位、物流快件查询、长途班线信息查询、电商购物、农产品展示等多种信息化服务。客户可在线上选择普通公交带货、专业货运公交配送和专业小型货运车辆配送。

三是建立农村物流电商平台。开发了"你家"电商平台，所有商家进入电商销售平台均不加价。同时，商家可将农产品免费在浚县客运总站"城乡通超市"实体示范店和各个乡镇综合运输服务站进行展示销售，有效促进工业品下乡和农产品进城双向流通。

（五）注重示范引领，推广分享客货邮发展经验

自2019年以来，来自湖南、湖北、山东、河北、江苏及河南省内200多个市县交通邮政管理部门和相关公交、邮政企业到浚县交流学习客货邮融合发展工作。2020年，浚县作为河南省唯一市县代表受邀参加河南省运输服务高质量发展座谈会，对客货邮融合发展情况进行交流发言；受邀参加河南省城市公共交通高质量创新发展会议，并进行经验分享。2021年，浚县参加河南省交通运输厅召开的运输企业纾困及转型发展座谈会，并介绍浚县"城乡公交+物流配送"创新服务模式，为客运企业转型发展提出建议；受邀到兰考县参加河南省"四好农村路"工作现场会，并进行交流发言；获评交通运输部第二批农村物流服务品牌。2023年，浚县受邀到北京参加推进城市公共汽电车行业健康可持续发展座谈会，并进行交流发言；受邀到四川省内江市参加全国民营公交企业高质量发展论坛，并交流发言；浚县顺利通过交通运输部第二批城乡交通运输一体化示范县创建验收；河南省城乡交通运输一体化发展工作现场会在浚县成功召开。2024年5月，浚县受邀到北京参加交科院农村客货邮融合发展创新研讨，并进行经验交流。

三、浚县客货邮工作成效

（一）公路通村和全域公交显著惠民、便民

浚县建制村通公路和公交，使农村群众能够"出门有路、抬脚上车"，极大地方便了群众的生产和生活。同时，城乡公交实行"1~5元"的阶梯票价，与之前农村客运票价"5~10元"相比，降幅显著，并坚定执行国家和交通行管部门要求的老年人、学生、两参伤残退役军人等特殊群体票价减免政策，有力提升了群众的幸福感和获得感。

（二）城乡物流快递配送更加高效、便捷

"城乡公交+物流配送"服务模式的应用和县、镇、村三级物流配送体系的建立，进一步完善了农村物流快递配送服务网络，有效提高了农村物流快递配送效率，降低了配送成本，物流快递到村实现了当日或半日达，配送费用由原来的0.95元/件减少到0.5元/件，降幅达47.37%。

（三）带动农村群众增收，助力农村经济发展

浚县"客货邮融合"服务模式，打开了农产品进城和工业品进村的双向流通渠道，带动

了农村经济发展和农村群众收入增加。目前，"工业品下乡"日均运送 180 吨，"农产品进城"日均运送 100 吨，配送的货值累计达到 8000 多万元，使浚县的小河白菜、黎阳贡面、窑头红梨等农特产品通过发达的物流网络走向了全国，进一步带动了农村群众增收，促进农村经济发展。

（四）盘活闲置场站资源，提高资源利用效率

将闲置的乡镇交管站和公交道班进行改造，通过较低的租赁成本租赁给浚县惠龙公交有限公司，作为"城乡公交+物流配送"服务模式的经营场所，实现了"公交+物流"运营服务模式，盘活了闲置资源，实现了互利共赢。

四、下一步工作思路

（一）全面深入推广客货邮新型统仓共配模式

浚县将进一步加大对客货邮统仓共配新模式的宣传力度，通过宣传活动、媒体报道等方式，向客运、快递、物流以外的更多企业和社会公众介绍新模式的优势和应用效果。同时，提供培训支持，帮助企业了解和应用新模式，促进更多的企业参与并达成合作，用客货邮融合助力乡村振兴。

（二）深化镇村服务站点商贸连锁模式，开通数字门店

为使农村群众在家门口享受便捷的商超连锁服务，确保镇村服务站点"开得通、留得住、运营好"，浚县计划运用现有县、镇、村三级物流快递站点服务网络覆盖面全的优势，在镇村服务站点引入商超连锁模式，开通数字门店，助推特色农产品"上行"和城市工业品"下行"。

（三）加强数字交通建设，构建智慧城乡配送体系

运用 5G、物联网技术，配置自动化物流设备，基于三级农村物流配送体系，将城乡客运、物流运营全要素数字化，以数据助力客运、货运和供应链企业重塑业务，实现智能化运营，支撑县域客货运输数字化转型。

颜值立方 | "一带一路"沿线产教融合型品牌海外仓

一、关于"颜值立方"

颜值立方（厦门）电子商务集团有限公司（以下简称"颜值立方"）是一家为品牌商和零售企业面向东南亚电商提供市场服务的综合型科技公司。业务范围包括品牌出海计划、海外仓储物流服务、IT解决方案、客服服务、金融服务等全链条跨境电商服务。颜值立方拥有专业的电商运营、策划、摄影美工团队，通过调研前端线上消费市场、整合品牌优势资源、打通销售渠道等措施，为客户提供专业的跨境电商服务。2024年，颜值立方荣获由中国仓储与配送协会颁发的"海外仓行业自律企业"奖项；颜值立方创始人李新龙获评"海外仓发展突出贡献个人"。

颜值立方总部位于福建省厦门市，业务范围涵盖新加坡、马来西亚、菲律宾、印度尼西亚、泰国、越南等六个国家。自2018年起，颜值立方在厦门市、南宁市、柳州市开设国内公司，并在菲律宾、马来西亚、印度尼西亚、泰国、越南开设海外分公司。

自2020年以来，颜值立方通过在东南亚市场的摸索与研究，积累了丰富的海外仓运营经验。颜值立方在规划自建仓储时，已经考虑开展公共海外仓业务，并搭配成型的ERP系统和WMS系统，以及整合国内外资源，从而形成集头程物流、海外仓储等功能于一体的服务体系，精准解决东南亚跨境电商卖家的痛点。目前，颜值立方已服务100余家中小企业，总仓储面积超过5万平方米。2022年，随着"RCEP"的正式生效，颜值立方成为服务贸易典型代表企业，先后获得央视和广西卫视的专题报道，并成为广西壮族自治区商务厅服务贸易重点联络企业。

二、颜值立方海外仓的发展

2018年，颜值立方初入东南亚市场时，采取和第三方海外仓合作的形式。但当时的仓储管理公司多为传统仓储企业，普遍存在电商经验不足、收费昂贵、物流基础设施薄弱等问题，导致业务不能顺利进行。在经历了一段时间的运营以后，颜值立方决定开始筹划打造自身的仓储品牌。

（一）自建海外仓

颜值立方根据国际仓储的通行惯例，在马来西亚、越南、印度尼西亚、泰国、菲律宾建设海外仓时，重点考量以下 9 项条件。

（1）建筑面积：不低于 1 万平方米。

（2）库内净高：不低于 8 米。

（3）地面承重：不低于 3 吨/平方米。

（4）消防系统：自动喷淋和消火栓等。

（5）装卸货口：每 2000 至 2500 平方米的区域内，至少配置 1 个装卸货口。

（6）园区交通：物流园区内的物流动线满足卡车通行和装卸货的需求，并具备充分的转弯半径；仓库与仓库之间保持合适的间距，确保物流作业互不影响。

（7）周边道路：距主要交通干道不超过 4 公里。

（8）产业配套：位于规模工业园区、产业集聚区。

（9）其他配套：库内办公区域、停车位、24 小时安保、驾驶员休息区等。

（二）海外仓布局

1. 马来西亚海外仓

根据马来西亚人口分布及经济格局，颜值立方以巴生港为核心设立海外仓枢纽，充分发挥其作为马来西亚最大港口及国家级物流中心的区位优势，构建了集海运清关、智能仓储、多式联运于一体的综合物流中心。这一布局既满足跨境电商"最后一公里"的物流要求，又能通过毗邻吉隆坡都市圈的地理位置，高效对接马来西亚 60% 以上的核心消费群体，形成海运、陆运、空运多式联运的智慧仓储体系。

2. 泰国海外仓

曼谷作为泰国首都及经济中心，覆盖中部消费市场。林查班港是泰国最大的深水港，承担全国 80% 以上的集装箱吞吐量，毗邻东部经济走廊（EEC），通过亚洲公路网（AH1、AH2）和曼谷环城高速。基于人口密集区和经济活动分布，颜值立方以曼谷为核心设立海外仓枢纽，并辅以林查班港的物流优势，构建高效仓储网络。该布局成功实现配送距离的最优化：北部（清迈、清莱），陆运 8~10 小时达；东北部（孔敬、乌汶），陆运 6~8 小时达；南部（普吉、合艾），陆运 12 小时内达。

3. 越南海外仓

越南的经济重心分布于河内市（北部）和胡志明市（南部）。颜值立方采用"双仓联动"模式，设立了两个海外仓枢纽：北部河内仓，覆盖红河三角洲工业带及中越边境贸易；南部胡志明市仓，辐射湄公河三角洲及国际航运枢纽盖梅港。

4. 印度尼西亚海外仓

印度尼西亚作为全球最大的群岛国家，颜值立方以雅加达为核心设立智能海外仓，依托丹戎不碌港与苏加诺—哈达国际机场的优势，构建覆盖全境的"一仓多配"网络体系。印度尼西亚海外仓选址大雅加达地区，通过智能化 WMS 系统实现日均 2 万单的处理能力，配备穆斯林商品专用存储区和 Halal 认证专用通道，严格符合印度尼西亚食品药品监督管理局的要求。依托 J&T、JNE 等本土物流战略合作，实现爪哇岛核心区域 48 小时达、外岛 7 日达的配送时效。

5. 菲律宾海外仓

颜值立方在菲律宾马尼拉建立综合性海外仓，整合尼诺伊·阿基诺国际机场的空运资源和马尼拉南港的海运优势，打造菲律宾首个"海陆空三栖"跨境仓储中心。海外仓采用抗台风建筑标准，配备应急发电系统。通过智能路径规划，实现吕宋岛 24 小时达、维萨亚斯群岛 72 小时达的配送时效。颜值立方创新设计"一仓双清"模式，同时处理 BC 直邮快件与一般贸易货物，严格遵循菲律宾海关的最新绿色通道政策，清关时效缩短至 24 小时内。

（三）海外仓运营

由于东南亚整体经济发展水平相较于国内存在一定差距，颜值立方在刚进入东南亚市场的时候，还没有较为完善的 ERP 系统和 WMS 等数字化仓储管理系统。2018 年，颜值立方与国内知名机构共同开发针对东南亚市场的 ERP 系统，并于 2020 年底上线 WMS 仓储管理系统，实现了仓储关键流程的可视化。

颜值立方通过加强人员管理和派驻管理人员等手段，日均处理订单量超过 10000 单，商品入库准确率达到 98% 以上，整体配送时效可以满足 72 小时内送达，客户投诉率低于 3‰，配送准确率达到 95% 以上。

（四）海外仓发展历程

2018 年，颜值立方在菲律宾马尼拉开设海外分公司、海外仓。
2019 年，颜值立方在马来西亚吉隆坡、印度尼西亚雅加达开设海外分公司、海外仓。
2020 年，颜值立方在泰国曼谷、越南河内市和胡志明市开设海外仓。
2021 年，颜值立方在 RCEP 青年侨商创新创业峰会上，进行五国海外仓签约仪式。
2023 年，颜值立方马来西亚海外仓入选 Lazada 官方"12·12"合作仓库榜单。

三、海外仓建设经验分享

（一）战略选址

以马来西亚海外仓为例，颜值立方在马来西亚以巴生港为核心设立海外仓枢纽。巴生港地处马六甲海峡黄金航道，距离吉隆坡仅 40 公里，通过联邦高速公路和西海岸高速公路可快速连通全国：向北 4 小时直达槟城，覆盖北马经济区；向南 4 小时抵达柔佛新山，辐射新加坡跨境市场。马来西亚海外仓选址兼具国际海运的便利性与本土配送的高效性，既能承接中国跨境直发货物的清关集散，又可依托完善的公路网络实现马来西亚主要城市 48 小时达的配送时效。同时，通过吉隆坡国际机场的空运资源，可以满足高时效订单的需求。

（二）智能运营

颜值立方采用 ERP 系统和仓储管理系统，库存周转率提高 40%，配合自动化分拣设备，日处理订单量突破 1 万单，错误率控制在 0.1% 以下，打造东南亚领先的智能仓储标杆。

（三）时效突破

通过"海运+空运+陆运"多式联运模式，颜值立方在马来西亚实现吉隆坡核心区次日达、全境72小时达的配送时效，售后响应时间缩短至2小时内，客户满意度提升35%。

（四）成本优化

颜值立方深度整合本土资源，与当地物流企业战略合作，使尾程配送成本降低30%。同时，通过集中仓储模式，整体物流成本较直邮降低25%。

（五）品牌孵化

颜值立方已成功助力20余个中国品牌打开马来西亚市场，South Ocean、Magic Pocket等自营品牌冲进行业TOP10，验证了"仓储+物流+营销"一站式解决方案的市场价值。

（六）严格品控体系

颜值立方配备专业质检团队和X光扫描设备，实现"100%开箱验视+30%随机抽检"的双重保障。所有入库商品必须提供完整的报关文件、质检报告和品牌授权书，从源头上杜绝违规风险。

四、颜值立方产教融合成果

颜值立方高度重视业务发展与人才教育，在跨境电商与产教融合领域深耕多年，尤其是在海外仓本土化运营与人才培养方面形成独特优势。不仅为品牌出海提供仓储与物流保障，更成为产教融合的重要实践基地。通过真实项目带动人才培养，反哺行业人才缺口，形成"海外仓+教育+产业"的生态循环。

2019年，颜值立方与广西商业学校签署了《校企合作协议书》，并达成战略合作，启动"桂货出海"项目，校企双方共建跨境电商人才培养培训基地。在人才培养的过程中，将海外仓实战场景融入"桂货出海"项目，为学生提供真实的跨境仓储管理、物流配送及本土化运营实训。

2020年，颜值立方作为主要起草单位，先后起草团体标准《面向东盟跨境电商直播人才培训服务规范》《直播培训指南》《营销人员职业能力培训评价指南》等，将物流管理、海外仓建设、跨境供应链协调等核心技能纳入职业能力培养体系。颜值立方通过出版教材《跨境电商实务》，系统化输出跨境物流知识。

2021年，颜值立方与广西联华超市股份有限公司等企业合作时，进一步将海外仓资源与产教融合结合。依托颜值立方多年的海外市场本地化布局和自营海外仓的进出口优势，将更多优质的进口产品通过跨境电商的方式导入广西联华超市渠道，并逐步扩展至全国联华超市渠道。同时，充分挖掘联华丰富的传统供应商渠道资源，不仅使更多国货品牌轻松"一键出海"，也为合作院校学生提供东南亚海外仓的实习与项目实操机会，实现"教学—实训—就业"闭环。

2021 年，颜值立方与中国特色高水平高职学校建设单位、国家示范性（骨干）高职院校常州机电职业技术学院签署战略合作协议，在跨境电商、物流、国际商务等专业领域进行产教融合建设。2025 年，双方进一步开展战略合作，共同推进中国—东南亚跨境电商与供应链产教融合共同体建设，为跨境电商和供应链人才培养和行业创新发展注入新动力。

2024 年，颜值立方携手北京劳动保障职业学院在马来亚大学成功举办首届中马电子商务论坛。本次论坛汇聚了中国和马来西亚两国 200 余位电商及物流仓储领域的专家学者，围绕国际仓储物流设施建设等议题展开了深入交流与探讨。

第四部分

综合资料汇编

2024 年中国仓储配送行业十件大事

一、《有效降低全社会物流成本行动方案》发布，对仓储配送行业发展提出新要求

2024 年 2 月，中央财经委员会第四次会议强调，降低全社会物流成本是提高经济运行效率的重要举措，物流降成本的出发点和落脚点是服务实体经济和人民群众，基本前提是保持制造业比重基本稳定，主要途径是调结构、促改革，有效降低运输成本、仓储成本、管理成本。11 月，中共中央办公厅、国务院办公厅印发《有效降低全社会物流成本行动方案》，提出 5 个方面 20 项重点任务，包括推进铁路重点领域改革、推动公路货运市场治理和改革、推进物流数据开放互联、加快现代供应链体系建设、完善现代商贸流通体系、实施大宗商品精细物流工程、实施"新三样"物流高效便捷工程、推动国际供应链提质增效、加快健全多式联运体系等。

面对当前仓储配送行业仍存在发展不平衡、不充分等问题，《有效降低全社会物流成本行动方案》对仓储配送行业发展提出了新要求，给出了新思路。

二、建设现代商贸流通体系试点城市，推动新一轮仓储配送升级发展

2024 年 4 月，财政部办公厅、商务部办公厅印发《关于支持建设现代商贸流通体系试点城市的通知》，提出以现代商贸流通体系试点城市建设为抓手，重点围绕 5 个方面，提高数字化、标准化、绿色化水平。在推动城乡商贸流通融合发展方面，支持建设改造区域冷链物流基地和商贸流通领域物流标准化、智慧化改造，推广智能仓配、自动分拣、无人配送等设施设备，发展第三方物流；在建设生活必需品流通保供体系方面，支持布局区域应急保供中心仓，提升末端配送、应急投放能力；在完善农村商贸流通体系方面，支持健全县乡村三级物流配送体系，大力发展共同配送；在加快培育现代流通骨干企业方面，支持发展统仓统配，大力发展现代供应链；在完善城乡再生资源回收体系方面，支持新建、改扩建废旧家电专业型分拣中心以及包含废旧家电家具等业务的综合性再生资源分拣中心。

三、国家主管部门持续支持海外仓建设与发展，物流出海成为"必选项"

2024 年 6 月，商务部等 9 部门印发《商务部等 9 部门关于拓展跨境电商出口推进海外仓建设的意见》，提出推动跨境电商海外仓高质量发展，增强跨境电商物流保障能力。11 月，商务部印发《关于促进外贸稳定增长的若干政策措施》，提出促进跨境电商发展，持续推进海外智慧物流平台建设。12 月，海关总署取消跨境电商出口海外仓企业备案，明确开展跨境电商出口海外仓业务的企业，无需向海关办理出口海外仓业务模式备案，以减少企业在开展出口海外仓业务时的行政负担和时间成本，提高企业和跨境供应链的运营效率。

2024 年，中国企业出海呈现多维度变化，从产品出海到品牌出海，从业务出海到组织出海，从单纯的"走出去"到更深层次的全球化。家居、餐饮、新能源以及其他制造领域等品牌企业寻找国际发展新机遇，在服务中国产业"国际化"和突破业务发展瓶颈等多种因素的共同驱动下，物流企业出海已成为"必选项"。

四、《中国绿色仓储与配送行动计划》发布十周年，绿色仓储与配送大有可为

2024 年 6 月，在第十九届中国仓储配送大会暨第十一届中国（国际）绿色仓配大会上，中国仓储与配送协会副会长王继祥全面总结了《中国绿色仓储与配送行动计划》发布以来取得的成绩。一是完成《绿色仓库要求与评价》《绿色仓储与配送要求及评估》等标准制定；二是推动绿色仓库纳入国家《绿色产业指导目录》，以及绿色仓库标准纳入国际 GRESB 第三方绿色建筑评价体系；三是推动贵州省、济南市、石家庄市、郑州市、长沙市等省市出台绿色仓库奖励政策，共有 105 家企业获得总计 4580 余万元奖励；四是助力 140 多个物流仓储项目获得银行和基金公司提供的绿色金融服务，为企业节省融资成本 4000 余万元；五是绿色仓库标识纳入中国移动、国家电网、蒙牛、联想、宜家家居、百事食品、无限极等品牌企业的绿色采购名录，成为仓储使用方租赁仓库时的重要考量；六是绿色仓库和仓配绿色化运营内容纳入中国物流集团、京东产发、顺丰控股、蒙牛、华润医药等 30 多家企业 ESG 报告，成为承担社会和环境责任的重要依据。

2024 年，全国温室气体自愿减排交易市场重启，进一步推动绿色仓储与配送的模式创新和技术革新。未来，绿色仓储与配送将大有可为。

五、国家出台首个即时配送文件，从国家、政府和企业层面引导和规范即时配送发展

2024 年 1 月，国务院办公厅发布《国务院办公厅关于促进即时配送行业高质量发展的指导意见》，从不同层面引导和规范即时配送发展。在国家层面，充分发挥供需衔接与促进作用，更好发挥吸纳就业作用，加强技术和服务创新，推动行业绿色发展；在政府层面，便利

经营主体市场准入和登记注册，完善即时配送便利化配套设施和条件，健全即时配送标准体系，纳入城市生活物资应急保供体系；在企业层面，强化食品和非餐物品安全管理，加强配送安全管理，建立服务质量监督机制，健全劳动权益保障机制。

六、多城市布局低空经济，无人机配送成为行业新增长点

2024年，北京市、天津市、河南省、湖北省、江西省、海南省等近20个省市布局低空经济，相继发布低空经济高质量实施方案或行动计划，将低空经济作为促进消费的新增长点，同时为无人机配送带来机遇。12月，国家发展改革委专门成立低空经济发展司，统筹低空经济的发展，解决低空经济发展过程中面临的实际问题（如空域管理、安全监管、技术标准等），规范行业发展秩序，保障低空经济的健康、有序发展。

上海市、深圳市、成都市、福州市、湖北省等多地已设置无人机运营线路，丰翼、美团、京东等企业已围绕餐饮、医药、应急等多场景需求开展外卖、急救药品、医药物资、贵重物品、文件等无人机配送常态化运营。

七、大规模设备更新和消费品以旧换新，为逆向物流发展创造机遇

2024年3月，国务院关于印发《推动大规模设备更新和消费品以旧换新行动方案》的通知，提出加快"换新+回收"物流体系和新模式发展。7月，国家发展改革委、财政部印发《关于加力支持大规模设备更新和消费品以旧换新的若干措施》的通知。10月，中国资源循环集团有限公司成立，承担打造全国性、功能性资源回收再利用平台的重要任务，打造覆盖多个重点再生资源回收品类，集仓储、加工、配送、以旧换新、标准制定输出等功能于一体的综合解决方案提供商。

"以旧换新政策驱动+再生资源集团成立"释放了巨大的逆向物流需求，顺丰、京东、菜鸟、中通等物流企业已围绕家用旧物、废弃物、电池等探索发展逆向物流业务。

八、中国仓储与配送协会首次举办自助仓储国际论坛，增强业内企业凝聚力，推动业态有序发展

2024年10月，中国仓储与配送协会会同亚洲迷你仓商会在北京举办2024亚洲（中国）自助仓储发展论坛。本次论坛吸引了来自中国、新加坡、马来西亚等国家的行业代表，围绕行业现状、发展机遇和规范化建设展开深入交流。自助仓储作为仓储行业的细分业态之一，在发达国家已非常成熟，并于2008年首次进入中国，主要满足私人、家庭或小微企业物品自存自取的需求。本次论坛为自助仓储企业搭建了合作与交流平台，增强了业内企业的凝聚力和向心力，为自助仓储业态的健康有序发展注入了强劲动力。

九、金融仓储十年成果进入创新推广应用阶段，助推具体品类融资和数字化发展

在 2024 年 12 月举办的"第十届中国金融仓储创新发展大会暨酱酒行业资产数字化大会"上，中国仓储与配送协会全面总结了金融仓储管理规制与仓储融资服务体系建设的阶段性成果，联手酱酒领域产业链服务的平台企业、金融仓储企业、酒厂、金融机构等，共同明确酱酒存货融资和资产数字化生态图谱建设，形成行业融资闭环结构，解决酱酒行业中小企业的融资难题。未来，金融仓储将以大宗品类为重点，以"创新发展大会+具体品类生态图谱"建设形式，推动金融端与产业端的高效对接，有效解决实体企业的融资难题。

十、全国性仓储信息平台的仓储资源规模突破 10 亿平方米，促进市场信息共享与交易透明度

截至 2024 年底，全国性仓储信息平台"物联云仓"（由物联云仓（成都）科技有限公司投建，提供仓库经纪平台服务、大数据与咨询服务、数智化运营服务等）的仓储资源规模突破 10 亿平方米，覆盖 300 多个城市，合作物流园区超 4 万个。该平台在促进仓储设施信息共享、提升仓库供需交易的透明度、助力政府制定规划和引导行业发展等方面发挥重要作用。

2024 年仓储配送相关政策目录

序号	成文时间	政策名称	发文字号
1	2024 年 1 月	国务院办公厅关于促进即时配送行业高质量发展的指导意见	国办发〔2024〕3 号
2	2024 年 1 月	交通运输部办公厅关于印发《农村客货邮融合发展适配车辆选型技术要求（试行）》的通知	交办运函〔2024〕145 号
3	2024 年 1 月	关于质量基础设施助力产业链供应链质量联动提升的指导意见	国市监质发〔2024〕6 号
4	2024 年 5 月	工业和信息化部办公厅 交通运输部办公厅 商务部办公厅关于印发《制造业企业供应链管理水平提升指南（试行）》的通知	工信厅联运行〔2024〕25 号
7	2024 年 6 月	商务部等 9 部门关于拓展跨境电商出口推进海外仓建设的意见	商贸发〔2024〕125 号
8	2024 年 8 月	交通运输部办公厅关于印发《农村客货邮运营服务指南（试行）》的通知	交办运函〔2024〕1574 号
9	2024 年 8 月	交通运输部办公厅 公安部办公厅 财政部办公厅 商务部办公厅关于进一步做好老旧营运货车报废更新工作的通知	交办运〔2024〕44 号
10	2024 年 10 月	自然资源部关于加强自然资源要素保障促进现代物流高质量发展的通知	自然资发〔2024〕218 号
11	2024 年 11 月	有效降低全社会物流成本行动方案	

2024 年仓储配送相关标准目录

标准级别	标准编号	制修订	标准名称
国家标准	GB/T 28843-2024	修订	食品冷链物流追溯管理要求
	GB/T 30332-2024	修订	仓单要素与格式要求
	GB/T 30334-2024	修订	物流园区服务规范及评价指标
	GB/T 31078-2024	修订	低温仓储作业规范
	GB/T 43668-2024	制定	物流无人机货物吊挂控制通用要求
	GB/T 43802-2024	制定	绿色产品评价 物流周转箱
	GB/T 43910-2024	制定	物流仓储设备 术语
	GB/T 44054-2024	制定	物流行业能源管理体系实施指南
	GB/T 44127-2024	制定	行政事业单位公物仓建设与运行指南
	GB/T 44167-2024	制定	大型货运无人机系统通用要求
	GB/T 44459-2024	制定	物流园区数字化通用技术要求
	GB/T 44854-2024	制定	物流企业能源计量器具配备和管理要求
	GB/T 45096-2024	制定	城市绿色货运配送评价指标
	GB/T 45151-2024	制定	城市配送网络体系建设指南
行业标准	SB/T 11242-2024	制定	果蔬类周转筐运营操作规范
	WB/T 1054-2024	修订	餐饮物流服务规范
	WB/T 1139-2024	制定	国家物流枢纽统计分类
	WB/T 1140-2024	制定	新能源汽车废旧动力蓄电池 物流服务质量评价指标
	WB/T 1141-2024	制定	数字化仓库 数据分类与接口要求
	WB/T 1143-2024	制定	集装式移动冷库通用技术与使用配置要求
	WB/T 1145-2024	制定	农产品产地冷链集配中心基本要求
	WB/T 1146-2024	制定	网络零售药品配送服务规范

2024 年主要物流城市仓库租金和空置率

城市	租金（元／（平方米·月））			空置率（%）		
	平均	最高	最低	平均	最高	最低
北京	45.44	45.62	45.28	16.90	18.53	13.63
成都	22.83	23.00	22.42	11.49	15.47	10.44
大连	14.60	14.77	14.25	31.76	34.16	29.82
东莞	34.77	34.93	34.55	5.64	7.15	4.13
佛山	30.71	30.86	30.58	8.42	11.85	4.71
福州	25.64	25.90	25.25	9.64	12.27	6.63
广州	32.72	32.94	32.58	10.27	11.18	9.10
贵阳	19.41	19.83	18.50	9.70	11.10	7.89
哈尔滨	18.11	18.42	17.56	24.03	25.52	21.62
海口	25.06	25.48	24.33	16.73	33.67	9.61
杭州	30.81	31.03	30.55	13.84	15.59	11.69
合肥	24.81	24.99	24.68	5.88	7.23	5.01
呼和浩特	16.02	16.23	15.90	23.56	27.85	19.40
济南	21.00	21.32	20.58	27.46	29.38	24.62
嘉兴	30.42	30.69	30.33	25.30	32.17	21.48
昆明	23.04	23.62	22.51	9.14	10.92	6.62
兰州	17.79	17.99	17.41	10.68	13.29	9.07
南昌	18.77	19.24	17.94	8.95	11.91	5.16
南京	28.16	28.24	28.13	14.39	16.30	13.14
南宁	19.11	20.29	17.55	26.73	32.11	20.96
宁波	27.79	27.86	27.76	15.34	19.06	11.27
青岛	20.94	21.18	20.48	11.06	11.89	10.03
厦门	30.55	30.64	30.47	13.43	16.59	10.82
上海	46.22	46.39	46.07	19.38	22.32	16.15
深圳	37.87	38.28	37.53	13.03	19.02	8.94
沈阳	17.97	18.10	17.78	14.74	16.47	13.29
石家庄	15.59	15.72	15.17	20.47	24.43	17.54
苏州	36.58	36.68	36.45	26.19	28.78	23.91

续表

城市	租金（元／（平方米·月））			空置率（%）		
	平均	最高	最低	平均	最高	最低
太原	16.30	16.69	15.72	16.19	17.54	15.53
唐山	17.49	18.05	17.16	28.32	33.39	22.55
天津	16.80	17.53	15.85	28.14	31.15	24.07
乌鲁木齐	19.60	19.86	19.16	16.13	25.14	11.49
无锡	30.93	30.99	30.83	13.14	18.77	9.93
武汉	21.92	22.20	21.49	14.65	16.81	10.98
西安	19.74	20.13	19.27	6.63	8.11	4.98
西宁	17.20	17.36	17.17	10.58	18.17	7.36
银川	13.68	13.88	13.57	6.25	16.98	3.69
长春	13.17	13.39	12.66	24.49	25.23	23.28
长沙	25.50	25.85	24.53	8.13	9.42	6.77
郑州	20.29	20.67	19.74	13.55	14.56	11.15
重庆	22.29	22.54	21.69	13.33	15.87	9.21

2024 年生产和流通主要行业
库存周转次数（率）

　　库存管理是供应链管理的核心内容之一，是生产和流通企业合理利用库存资源、提高资金使用效率、提升竞争力的重要手段之一，也是降低社会物流成本的主要因素。

　　库存周转次数（ITO）是能够体现企业库存结构优化效果的参照值。中国仓储与配送协会通过测算行业 ITO，为生产和流通企业管理库存提供参考。根据《国民经济行业分类》，从中筛选出批发业、零售业和 22 个生产制造行业，基于 3553 家上市公司的公开财务报表，测算行业 2020—2024 年化 ITO（见下表）。

序号	行业分类	2020 年	2021 年	2022 年	2023 年	2024 年
1	零售业	5.50	5.82	5.20	5.58	5.69
2	批发业	12.93	13.29	12.48	10.86	10.80
3	食品制造业	5.80	6.71	6.23	6.15	6.55
4	酒、饮料和精制茶制造业	2.19	2.87	2.47	2.54	2.37
5	纺织业	3.57	4.08	3.81	4.05	4.11
6	纺织服装、服饰业	2.08	2.40	2.20	2.12	2.25
7	皮革、毛皮、羽毛及其制品和制鞋业	1.64	2.10	1.99	2.16	2.28
8	木材加工和木、竹、藤、棕、草制品业	2.48	3.09	3.06	3.49	3.90
9	家具制造业	4.95	5.23	4.69	4.94	5.19
10	造纸和纸制品业	5.62	6.53	6.36	5.93	6.06
11	文教、工美、体育和娱乐用品制造业	4.83	5.62	5.32	5.04	5.53
12	化学纤维制造业	5.61	6.21	5.79	5.82	5.22
13	化学原料和化学制品制造业	6.38	7.67	7.17	6.58	6.72
14	医药制造业	2.44	2.68	2.80	2.39	2.42
15	橡胶和塑料制品业	4.46	4.89	4.49	4.30	4.50
16	金属制品业	3.56	4.33	3.83	3.71	3.69
17	非金属矿物制品业	4.38	5.16	4.36	4.66	5.15
18	通用设备制造业	2.65	2.99	2.53	2.58	2.52
19	专用设备制造业	2.28	2.20	1.94	1.85	1.88

续表

序号	行业分类	2020年	2021年	2022年	2023年	2024年
20	汽车制造业	4.24	4.73	4.20	4.30	4.70
21	铁路、船舶、航空航天和其他运输设备制造业	3.28	3.32	3.04	2.94	3.08
22	电气机械和器材制造业	3.87	4.32	4.26	4.30	4.14
23	计算机、通信和其他电子设备制造业	3.74	4.06	3.51	3.41	3.73
24	仪器仪表制造业	2.15	2.08	1.79	1.79	1.92

第五部分

优质企业推荐

2024 年星级仓库

根据国家标准《通用仓库等级》（GB/T 21072）、《中国通用仓库等级评定办法》规定，经企业自愿申报、中国仓储与配送协会标准化评价办公室初审和现场审定，且公示无异议，确定 2024 年获得"星级仓库"称号的企业库区如下表所示。

序号	库区名称	星级
1	唐山新兆合供应链管理有限公司曹妃甸钢铁电力园区	四星级
2	广东电网有限责任公司惠州供电局惠州周转仓	五星级
3	北京顺丰速运有限公司北京市通州区永乐店镇宇培物流园 5 号库	五星级
4	北京顺丰速运有限公司北京市通州区永乐店镇工业区路新地物流园	五星级
5	苏州顺丰速运有限公司昆山普洛斯高新物流园 B1 库、B2 库	五星级
6	顺丰速运（东莞）有限公司东莞市大岭山镇第一产业集团畔山物流园 3、4 号库	五星级
7	广州顺丰速运有限公司广东省清远市清城区 355 县道南侧锦邦冷链物流园 2 楼 8 号库	五星级
8	国网山东省电力公司威海供电公司海南路仓库	五星级
9	鄂州电力集团有限公司鄂州物资智慧服务园	五星级
10	临沂启阳市场管理有限公司临沂市不锈钢交易中心金猫云仓	五星级
11	深圳供电局有限公司中国南方电网深圳观澜区域仓	五星级
12	浙江中通通信有限公司中通通信物流园区	五星级
13	济南安博仓储有限公司安博济南高新国际物流园	五星级
14	齐河安博仓储有限公司安博齐河国际物流园	五星级
15	华润湖南医药有限公司物流中心	五星级
16	安博（嘉兴）仓储有限公司安博嘉兴物流中心	五星级
17	常熟市宏民物流中心有限公司宏民库区	五星级
18	南宁航港物流发展有限公司普洛斯南宁航港物流园	五星级
19	贵州博胜医药仓储物流有限公司 1 号物流中心	五星级
20	嘉里大通物流有限公司北京顺义天竺仓库	五星级
21	嘉里物流（厦门）有限公司嘉里厦门海沧物流中心	五星级
22	武汉航港物流有限公司武汉航港物流园	五星级
23	河南九州通物流有限公司河南九州通"神州一号"库区	五星级
24	烟台供电公司珠玑西路仓库	五星级

续表

序号	库区名称	星级
25	上海奉佳仓储服务公司嘉里物流上海物流中心	五星级
26	安博（湖州练市）仓储有限公司安博湖州练市物流中心	五星级
27	武汉四方交通物流有限责任公司四方交通物流园	五星级
28	中国移动通信集团云南有限公司滇东RDC仓库	五星级
29	中国移动通信集团浙江有限公司浙江移动杭州RDC仓库	五星级
30	圣湘生物科技股份有限公司长沙仓储物流中心仓	五星级
31	国网天津市电力公司营销服务中心计量物资中心库	五星级
32	熊猫电子集团有限公司熊猫物流园	五星级
33	合肥供水集团有限公司物资公司库区	五星级
34	上海青浦安同仓储有限公司安博上海青浦配送中心	五星级
35	浙江乐传科技有限公司宝湾物流园3号库、4号库	五星级
36	浙江永升医药物流有限公司浙江永升现代医药物流中心	五星级
37	东莞安博盈顺仓储有限公司安博东莞洪梅物流中心	五星级
38	中国移动通信集团浙江有限公司金华分公司金华RDC库	五星级
39	安博京顺空港（北京）仓储有限公司安博北京首都机场第一物流中心	五星级
40	良品铺子供应链科技有限公司良品产业园（良品一号仓）	五星级
41	常熟城配供应链管理有限公司城配中心园区	五星级
42	盈置（上海）仓储有限公司安博九亭物流中心	五星级
43	上饶市锦钰家纺有限公司锦钰电商物流园库区	三星级
44	上海核工程研究设计院股份有限公司海阳分公司设备仓库	五星级
45	张家口龙辰博鳌物流有限公司张家口龙辰博鳌物流智慧产业园	五星级
46	江西省俊程配送服务有限公司经开区库区	三星级
47	国投山东临沂路桥发展有限责任公司中心园区	五星级
48	中国移动通信集团华东大区物流中心	五星级
49	江苏中博通信有限公司滨江分公司园区	五星级
50	国网浙江省电力有限公司台州市黄岩区供电公司国网台州市黄岩区供电公司澄江仓库	三星级
51	国网浙江省电力有限公司三门县供电公司国网三门县供电公司海游仓库	三星级
52	国网浙江省电力有限公司台州市路桥区供电公司国网台州市路桥区供电公司永福仓库	四星级
53	临沂盛业超市有限公司仓库	四星级
54	中国移动通信集团内蒙古有限公司巴彦淖尔RDC仓库	五星级
55	中国移动通信集团山东有限公司青岛省级库	五星级
56	武汉盛帆电子股份有限公司库区	四星级
57	湖南九州通医药有限公司现代医药物流中心	五星级

续表

序号	库区名称	星级
58	广东世必达棉纱供应链创新中心总仓	五星级
59	福建省瓷都云谷电商物流园有限责任公司中国陶瓷电商物流园	五星级
60	华诚沿江国际物流（苏州）有限公司华诚国际常熟库区	五星级
61	国网山东省电力公司东阿县供电公司物资供应分中心大秦仓库	三星级
62	南方电网供应链（海南）有限公司南方电网海南北部区域仓	四星级
63	广州速诚仓储有限公司安博广州开发区物流中心	五星级
64	慈溪太平鸟物流有限公司太平鸟慈东服饰整理配送物流中心	五星级
65	四川物流集装箱有限公司四川物流集装箱基地仓库	五星级
66	国网宁夏电力有限公司银川供电公司滨河仓库	四星级
67	重庆安沙仓储有限公司安博重庆西部国际物流中心	五星级
68	上海宝湾国际物流有限公司物流中心	五星级
69	成都润宝物流有限公司新都库区	五星级
70	铅山县旭和服饰有限公司卫浴产业园库区	三星级
71	德兴市聚丰综合农贸市场有限公司商贸城库区	三星级
72	德兴市锦林实业有限责任公司银鹿工业园库区	三星级
73	百秋新洛杰斯（长兴）供应链管理有限公司百秋新洛杰斯（长兴）奢品中心	五星级
74	湖南恒昌医药集团股份有限公司恒昌医药（长沙）智慧物流中心	五星级
75	贵阳农产品物流园仓储库区	五星级
76	山东日照中瑞国际物流有限公司中瑞库	五星级
77	临沂市智慧仓储物流有限公司华苑智慧仓储物流港	五星级
78	临沂智慧云仓运营管理有限公司兰山财金智慧云仓物流园项目（二期）	五星级
79	上海医药物流中心有限公司绥德库	五星级
80	山东新财源智慧供应链有限公司物流产业供应链园区项目	五星级
81	临沂远方智慧供应链管理有限公司华沂智慧港物流园仓储区	五星级
82	临沂市北园物流配载有限公司北园智慧物流园	五星级
83	山东兰田智慧物流有限公司兰田智慧物流港	五星级
84	临沂顺和天源物流有限公司顺和天源智慧仓	五星级
85	上海伊能国际物流有限公司久江（奉贤）现代物流园	四星级
86	湖南达嘉维康医药有限公司智能物流中心	五星级
87	国网湖北省电力有限公司宜昌供电公司国网宜昌市供电公司桔乡路仓库	五星级
88	上海全方物流有限公司东兴路仓库	五星级
89	湖南中南国际陆港有限公司中南国际陆港集装箱拼箱基地（1号仓、2号仓）	五星级
90	山东恒泰皮草制品有限公司恒泰智科农牧产业园	五星级

续表

序号	库区名称	星级
91	上海唯新企业投资有限公司科茂路库区	四星级
92	安博新浒（苏州）仓储有限公司安博苏州新区浒关物流配送中心	五星级
93	国网浙江省电力有限公司杭州供电公司国网杭州供电公司九和仓库	三星级
94	宁波天翔货柜有限公司天翔库区	五星级
95	江西天酬大药房连锁有限公司铜都大道库区	三星级
96	江西天酬药业有限公司银鹿工业园区库区	三星级
97	中国移动通信集团河南有限公司郑州分公司 RDC 仓库	五星级
98	广西电网有限责任公司柳州供电局南方电网广西柳州区域仓	五星级
99	国药控股湖南有限公司物流中心	五星级
100	中通服供应链股份有限公司湖南分公司星沙智慧物流园	五星级
101	中通服供应链股份有限公司易家湾库区	五星级
102	玉山县申通快递有限公司申通景程云仓	三星级
103	山东新明辉供应链有限公司新明辉智慧仓储物流园	五星级
104	广东时捷物流有限公司总部库区	五星级
105	广东时捷物流有限公司茶山物流园区	五星级
106	国网甘肃省电力公司张掖供电公司国网张掖供电公司火车站仓库	五星级
107	上海北芳储运集团金山物流库区	五星级
108	完美（广东）日用品有限公司完美华南生产基地库区	五星级
109	上海北芳储运集团金迎路库区	四星级
110	上海久江国际物流有限公司久江（绿色）现代物流园	四星级
111	德兴市盛仕工贸有限公司银鹿工业园区库区	三星级
112	德兴市宋氏葛业有限公司葛制品库区	三星级
113	弋阳县翔通物流有限责任公司龟峰大道周家段库区	三星级
114	铅山县金佳缘贸易有限公司洪桥路库区	三星级
115	江西新锋药业有限公司虹桥库区	三星级
116	安博（成都）仓储有限公司安博成都空港物流中心	五星级
117	安博常福仓储（武汉）有限公司安博武汉蔡甸物流中心 1、2、3、4 库区	五星级
118	安博（鄂州）仓储有限公司安博葛店物流中心	五星级
119	中国移动通信集团河南有限公司三门峡分公司三门峡市铁路综合枢纽物流园 1 号仓库	五星级
120	重庆安美仓储有限公司安博重庆空港物流中心	五星级
121	沈阳天厚仓储有限公司安博沈西物流中心	五星级
122	陕西辉煌物流有限公司辉煌商贸物流园区	五星级
123	铜仁东陆港集团有限公司铜仁市绿色货运配送示范工程鹏程物流园	五星级

续表

序号	库区名称	星级
124	江苏恒安供应链管理有限公司昆山库区	五星级
125	江苏汇舟物流有限公司昆山库区	五星级
126	昆山荣畅国际物流有限公司巴城库区	五星级
127	国能供应链管理集团有限公司神华公用型保税仓库	五星级
128	安博新达（无锡）仓储有限公司安博无锡梅村物流中心	五星级
129	江西省冉起建材有限公司北武夷库区	三星级
130	铅山县航启服饰厂石塘路库区	三星级
131	安家（昆山）仓储有限公司安博昆山陆家物流中心	五星级

注："五星级"为最高级别。

2024 年星级冷链集配中心

　　为提升冷链集配中心设施及管理标准化水平，推动冷链物流高质量发展，根据国家标准《仓储服务质量要求》（GB/T 21071）、《食品低温配送中心规划设计指南》（GB/T 38375）、《低温仓储作业规范》（GB/T 31078）、《冷库设计标准》（GB 50072）、《冷库管理规范》（GB/T 30134）与《冷链集配中心标准化评价办法（试行）》规定，经企业自愿申报、中国仓储与配送协会标准化评价办公室初审和现场评审，且公示无异议，确定 2024 年获得"星级冷链集配中心"称号的企业库区如下表所示。

序号	库区名称	星级
1	武汉万纬供应链有限公司万纬武汉滠口冷链园区	五星级
2	湖南普鑫物流有限公司雨花区普鑫智慧冷链物流产业园	五星级
3	湖南万泊冷链物流有限公司万纬长沙黄兴冷链园区	五星级
4	天津宝鲜物流有限公司宝鲜库区（三期）	五星级
5	北京佳之兴供应链管理有限公司马驹桥物流园区—冷库	五星级
6	山港陆海智慧冷链物流（青岛）有限公司山港陆海智慧冷链青岛库区	五星级
7	安徽存原食品科技有限公司存原冷链集配中心	五星级
8	天驰控股（青岛）股份有限公司综保区库区	五星级
9	青岛天驰物流有限公司天驰（上合）冷链项目	五星级
10	广东天庄冷链物流有限公司粤港澳大湾区民生保障冷链物流园区	五星级

注："五星级"为最高级别。

2024 年绿色仓库

为贯彻落实国务院及相关部门关于加快绿色仓库建设、推动绿色仓储物流发展的有关精神，根据行业标准《绿色仓库要求及评价》（SB/T 11164）、《中国绿色仓库认定办法》，经企业自愿申报、中国仓储与配送协会标准化评价办公室审核认定，且公示无异议，确定 2024 年获得"绿色仓库"称号的企业库区如下表所示。

序号	库区名称	级别
1	国网宁夏电力有限公司银川供电公司滨河仓库	一级（★★★）
2	泰坊（廊坊）生物科技发展有限公司华北（廊坊）医药温控枢纽项目	一级（★★★）
3	郑州安得智联科技有限公司郑州美安物流园	一级（★★★）
4	安得智联供应链科技股份有限公司郑州经营中心	一级（★★★）
5	国网山东省电力公司威海供电公司海南路仓库	一级（★★★）
6	天津港远海供应链有限公司京津物流园	一级（★★★）
7	山东新和盛飨食集团有限公司新和盛智能冷库	二级（★★）
8	龙口齐港码头有限公司仓库	二级（★★）
9	华润江苏医药有限公司物流中心	一级（★★★）
10	广东福地供应链有限公司福地普洛斯佛山丹灶物流园（一期）百事食品项目库区	二级（★★）
11	山东华丰智慧港物流有限公司华丰智慧物流港	二级（★★）
12	临沂智慧云仓运营管理有限公司临商大集智慧物流港	二级（★★）
13	上海通贸国际供应链管理有限公司桃浦仓库	一级（★★★）
14	惠州市世维仓储物流有限公司东久新宜（仲恺）华南供应链枢纽	一级（★★★）
15	惠州市世维仓储物流有限公司惠州仲恺保税物流中心	一级（★★★）
16	贵州省物资现代物流集团有限责任公司贵州现代物流牛郎关智慧物流园立体库#1	一级（★★★）
17	杭州临港物流有限公司杭州临港仓库	二级（★★）
18	平湖华瑞仓储有限公司平湖华瑞仓库	二级（★★）
19	苏州优品授网络科技有限公司苏州太仓宝湾园区	一级（★★★）
20	国网伊犁伊河供电有限责任公司国网伊犁伊河供电公司愉群翁乡仓库	一级（★★★）
21	国网伊犁伊河供电有限责任公司霍尔果斯市供电公司陇海路仓库	二级（★★）
22	玉湖冷链科技（眉山）有限公司玉湖冷链（眉山）交易中心	一级（★★★）
23	国网山东省电力公司聊城供电公司物资部仓库	一级（★★★）
24	金徽酒股份有限公司金徽酒全国储运中心	一级（★★★）
25	国网甘肃省电力公司定西供电公司国网定西供电公司西环路仓库	一级（★★★）
26	宁波镇海宝湾国际物流有限公司宁波镇海宝湾园区	一级（★★★）
27	宁波宝湾国际物流有限公司宁波空港宝湾园区	一级（★★★）

续表

序号	库区名称	级别
28	华润科伦医药（四川）有限公司华润科伦木兰智慧物流中心	一级（★★★）
29	华润山东医药有限公司物流中心	一级（★★★）
30	四川联众供应链服务有限公司四川联众黄觖园区数字化仓库	一级（★★★）
31	贵州双龙飞天供应链管理有限公司贵州茅台双龙智慧物流园	一级（★★★）
32	漱玉医药物流（山东）有限公司漱玉山东医药济南现代物流园区	一级（★★★）
33	山东捷丰国际储运有限公司捷丰仓库	二级（★★）
34	济南中外运国际物流有限公司济南章锦中外运保税物流仓库	一级（★★★）
35	贵州博胜医药仓储物流有限公司1号物流中心	一级（★★★）
36	国网重庆市电力公司永川供电分公司国网重庆电力永川仓库	二级（★★）
37	华电中光新能源技术有限公司华电中光联储西南库区	二级（★★）
38	国网山东省电力公司菏泽供电公司国网菏泽供电公司广州路仓库	一级（★★★）
39	国网河南省电力公司开封市祥符供电公司国网开封市祥符供电公司城区物资仓库	二级（★★）
40	中国移动通信集团云南有限公司滇东RDC仓库	一级（★★★）
41	中外运物流（云南）有限公司昆明分发中心	一级（★★★）
42	湖南苏宁易达物流仓储有限公司苏宁长沙望城物流中心	一级（★★★）
43	红星冷链（湖南）股份有限公司红星冷链直供中心	一级（★★★）
44	国网山东省电力公司东阿县供电公司物资供应分中心大秦仓库	二级（★★）
45	松普科技（苏州）有限公司东久新宜昆山松普物流园	一级（★★★）
46	湖南普鑫物流有限公司普鑫智慧冷链物流多温区智能仓库	一级（★★★）
47	国网甘肃省电力公司张掖供电公司国网张掖供电公司火车站仓库	一级（★★★）
48	国网甘肃省电力公司高台县供电公司国网高台县供电公司正远仓库	二级（★★）
49	国网甘肃省电力公司民乐县供电公司国网民乐县供电公司三堡仓库	二级（★★）
50	国网浙江省电力有限公司杭州市富阳区供电公司新桥仓库	二级（★★）
51	供销冷链物流（石家庄）有限公司冷链物流库区	一级（★★★）
52	厦门泰鹭福冷链物流有限公司泰鹭福冷链综合产业园	一级（★★★）
53	国药乐仁堂医药有限公司物流速递中心	一级（★★★）
54	石家庄万柏物流有限公司石家庄万柏1号电商云仓	一级（★★★）
55	福建省龙泰物流发展有限公司龙泰智慧物流数字产业园	一级（★★★）
56	内江苏宁易达商贸有限公司苏宁内江物流中心	一级（★★★）
57	国网山东省电力公司巨野县供电公司国网巨野县供电公司东外环仓库	一级（★★★）
58	国网山东省电力公司曹县供电公司国网曹县供电公司昆仑路仓库	二级（★★）
59	国网山东省电力公司成武县供电公司国网成武县供电公司开发区仓库	一级（★★★）
60	中国移动通信集团浙江有限公司浙江移动杭州RDC仓库	二级（★★）
61	中国移动通信集团浙江有限公司宁波分公司浙江移动宁波RDC仓库	一级（★★★）
62	国网浙江省电力有限公司天台县供电公司国网天台县供电公司始丰仓库	二级（★★）
63	无限极（中国）有限公司新会生产中心仓库	一级（★★★）
64	国网浙江省电力有限公司仙居县供电公司国网仙居县供电公司下垟底仓库	二级（★★）

续表

序号	库区名称	级别
65	宁波苏宁易达物流投资有限公司苏宁宁波奉化物流中心	一级（★★★）
66	佛山市三水苏宁易达物流投资有限公司苏宁佛山三水物流中心	一级（★★★）
67	智枫（天津）供应链管理有限公司智枫供应链冷库	一级（★★★）
68	中国移动通信集团上海有限公司银杏路仓库	一级（★★★）
69	国网浙江省电力有限公司台州供电公司国网台州供电公司台州湾仓库	二级（★★）
70	瀚全（武汉）供应链服务有限公司华广冷链贸易金融产业园	一级（★★★）
71	国网浙江省电力有限公司温岭市供电公司国网温岭市供电公司潘郎仓库	一级（★★★）
72	瑞康医药（山东）有限公司瑞康医药济南物流中心	一级（★★★）
73	国网浙江省电力有限公司余姚市供电公司国网余姚市供电公司银翔仓库	二级（★★）
74	河南飞洁物流有限公司4号库8分区仓库	一级（★★★）
75	国网河南省电力公司鹤壁供电公司国网鹤壁供电公司淇滨九州路仓库	二级（★★）
76	焦作市光源电力集团有限公司国网焦作供电公司南海路仓库	一级（★★★）
77	国网浙江省电力有限公司象山县供电公司国网象山县供电公司巨鹰仓库	二级（★★）
78	国网浙江省电力有限公司三门县供电公司国网三门县供电公司海游仓库	二级（★★）
79	国网新疆电力有限公司昌吉供电公司国网昌吉供电公司三工仓库	一级（★★★）
80	芜湖市丰泰电商产业园管理有限公司芜湖顺丰丰泰产业园	一级（★★★）
81	国网浙江省电力有限公司临海市供电公司国网临海市供电公司柏叶仓库	一级（★★★）
82	武汉夸特纳斯供应链管理有限公司夸特纳斯（武汉）国际食材集采配中心	一级（★★★）
83	日照正基国际冷链物流产业园有限公司智慧冷链物流产业园	一级（★★★）
84	南宁航港物流发展有限公司普洛斯南宁航港物流园	一级（★★★）
85	武汉航港物流有限公司航港物流园	一级（★★★）
86	国网浙江省电力有限公司庆元县供电公司国网庆元县供电公司江滨仓库	二级（★★）
87	瀚鼎（福州）供应链管理有限公司连江福州现代物流城	一级（★★★）
88	国网浙江省电力有限公司龙泉市供电公司国网龙泉市供电公司广源仓库	一级（★★★）
89	国网山东省电力公司菏泽市定陶区供电公司国网定陶县供电公司艺达北路仓库	一级（★★★）
90	国网浙江省电力有限公司青田县供电公司国网青田县供电公司油竹仓库	二级（★★）
91	国网浙江省电力有限公司缙云县供电公司国网缙云县供电公司仙源仓库	二级（★★）
92	国网浙江省电力有限公司遂昌县供电公司国网遂昌县供电公司银川仓库	一级（★★★）
93	华润天津医药有限公司物流中心	一级（★★★）
94	山东家家悦物流有限公司威海物流产业园	一级（★★★）
95	国网山东省电力公司鄄城县供电公司国网鄄城县供电公司建设路仓库	一级（★★★）
96	国网山东省电力公司青岛供电公司供应链绿色数智发展示范基地	一级（★★★）
97	国网山东省电力公司潍坊供电公司国网潍坊供电公司玉清街检储配基地	一级（★★★）
98	哈尔滨宝鼎农产品有限公司宝鼎农产品冷链物流基地	一级（★★★）
99	黑龙江富赛宝生化制品有限公司富赛宝冷链物流信息产业园	一级（★★★）
100	蒙牛乳业（衡水）有限公司物流智能立体库	一级（★★★）
101	玉湖冷链物流（广州）有限公司玉湖冷链市场交易中心库区	一级（★★★）

续表

序号	库区名称	级别
102	国网山东省电力公司单县供电公司国网单县供电公司胜利东路仓库	二级（★★）
103	国网山东省电力公司东明县供电公司国网东明县供电公司万福仓库	二级（★★）
104	国网甘肃省电力公司平凉供电公司国网平凉供电公司米家湾仓库	一级（★★★）
105	国网浙江省电力有限公司常山县供电公司国网常山县供电公司龙兴仓库	二级（★★）
106	福建省瓷都云谷电商物流园有限责任公司中国陶瓷电商物流园	一级（★★★）
107	国网浙江省电力有限公司江山市供电公司国网江山市供电公司藕塘仓库	二级（★★）
108	国网山东省电力公司郓城县供电公司国网郓城县供电公司电厂北仓库	一级（★★★）
109	九号仓河北供应链管理有限公司九号仓华北库区	一级（★★★）
110	国网浙江省电力有限公司开化县供电公司国网开化县供电公司桃溪仓库	三级（★）
111	国网山东省电力公司烟台供电公司国网烟台供电公司珠玑西路仓库	一级（★★★）
112	内蒙古蒙牛圣牧高科奶业有限公司巴盟圣牧工厂立体库	一级（★★★）
113	泺亨（泰安）物流有限公司泺亨物流产业园	一级（★★★）
114	国网浙江省电力有限公司龙游县供电公司国网龙游县供电公司竹海仓库	二级（★★）
115	国网浙江省电力有限公司岱山县供电公司国网岱山县供电公司徐福仓库	二级（★★）
116	国网浙江省电力有限公司嵊泗县供电公司国网嵊泗县供电公司泗礁仓库	二级（★★）
117	上海陆储物流有限公司嘉定仓库	一级（★★★）
118	上饶市中合农冷链物流有限公司中国供销上饶农产品冷链物流园	一级（★★★）
119	国网山东省电力公司平阴县供电公司国网平阴县供电公司仓库	一级（★★★）
120	山东雅利安供应链管理集团有限公司雅利安供应链协同仓	一级（★★★）
121	中国电信股份有限公司上海分公司上海电信桃浦中心库	一级（★★★）
122	南京思达现代物流有限公司南京海航物流园	一级（★★★）
123	中国联合网络通信有限公司上海市分公司联通中心仓	一级（★★★）
124	国网冀北电力有限公司物资分公司国网冀北电力良乡中心库	一级（★★★）
125	福建京福海洋渔业发展有限公司深海时代产业园	二级（★★）
126	国网山东省电力公司临沂供电公司国网临沂供电公司兰山仓库	一级（★★★）
127	国网山东省电力公司沂水县供电公司国网沂水县中心南街 44 号仓库	一级（★★★）
128	国网山东省电力公司蒙阴县供电公司国网蒙阴县供电公司新城路仓库	一级（★★★）
129	国网山东省电力公司郯城县供电公司国网郯城县供电公司东环路仓库	一级（★★★）
130	瀚申（上海）企业管理有限公司华菱（上海）联合创新产业园	一级（★★★）
131	国网浙江省电力有限公司瑞安市供电公司国网瑞安市供电公司多彩仓库	二级（★★）
132	国网浙江省电力有限公司温州市洞头区供电公司国网温州市洞头区供电公司南塘仓库	二级（★★）
133	河北天环冷链物流有限公司冷链物流产业园	一级（★★★）
134	北京天保宏远物流发展有限公司综合保税区国际货运分拨中心	一级（★★★）
135	洪进（北京）体育用品有限公司新建智能自动分拣设备生产厂房及附属用房项目	一级（★★★）
136	蒙牛乳业（尚志）有限责任公司物流数智立体库	一级（★★★）
137	河北首衡农副产品有限公司高碑店新发地冷链仓储项目三期 B8 库	二级（★★）
138	华润（大连）医药有限公司物流中心	一级（★★★）

续表

序号	库区名称	级别
139	中粮可口可乐饮料（四川）有限公司成品中央仓	一级（★★★）
140	东莞市虎门港启盈国际快件中心有限公司东莞跨境电商启盈快件项目	一级（★★★）
141	东莞市启盈国际保税物流有限公司东莞跨境电商启盈物流项目	一级（★★★）
142	国网山东省电力公司平邑县供电公司国网平邑县供电公司浚河路仓库	二级（★★）
143	海宁万普仓储有限公司万纬海宁经开区园区	一级（★★★）
144	广州万墩仓储有限公司万纬广州从化明珠园区	一级（★★★）
145	济南万先仓储有限公司万纬济南济阳园区	一级（★★★）
146	成都锦成行物流有限公司万纬成都空港物流园区	一级（★★★）
147	万纬（成都）仓储设施有限公司万纬成都天府园区	一级（★★★）
148	国网山东省电力公司济南市历城区供电公司国网历城区供电公司机场西路仓库	一级（★★★）
149	蒙牛乳业（唐山）有限责任公司智能立体库	一级（★★★）
150	浙江省烟草公司衢州市公司卷烟配送中心	一级（★★★）
151	国网山东省电力公司烟台市牟平区供电公司国网牟平区供电公司武宁仓库	二级（★★）
152	国网山东省电力公司枣庄供电公司国网枣庄供电公司检储配一体化基地	一级（★★★）
153	青岛天驰物流有限公司天驰（上合）冷链项目	一级（★★★）
154	天驰控股（青岛）股份有限公司综保区库区	一级（★★★）
155	国网浙江省电力有限公司永康市供电公司国网永康市供电公司倪中仓库	二级（★★）
156	国网山东省电力公司烟台市长岛供电公司国网长岛县供电公司海滨路仓库	二级（★★）
157	国网浙江省电力有限公司武义县供电公司国网武义县供电公司明招仓库	二级（★★）
158	国网浙江省电力有限公司义乌市供电公司国网义乌市供电公司雪峰仓库	二级（★★）
159	国网河南省电力公司濮阳供电公司国网濮阳供电公司绿城路仓库	二级（★★）
160	国网山东省电力公司海阳市供电公司国网海阳市供电公司开发区深圳街仓库	二级（★★）
161	国网浙江省电力有限公司磐安县供电公司国网磐安县供电公司永安仓库	二级（★★）
162	中国长江电力股份有限公司三峡储备基地	一级（★★★）
163	国网新疆电力有限公司物资公司"检储配"一体化基地（中心库）	一级（★★★）
164	国网新疆电力有限公司阿克苏供电公司"检储配"一体化基地（南疆库）	一级（★★★）
165	国网山东省电力公司东营供电公司国网东营供电公司物资库	一级（★★★）
166	国网山东省电力公司聊城市茌平区供电公司国网聊城市茌平区供电公司振兴仓库	二级（★★）
167	国网山东省电力公司滨州供电公司国网滨州供电公司渤海五路郭集仓库	一级（★★★）
168	国网山东省电力公司龙口市供电公司国网龙口市供电公司新嘉仓库	二级（★★）
169	新疆新能电网建设服务有限公司"检储配"一体化基地（北疆库）	一级（★★★）
170	国网新疆电力有限公司乌鲁木齐供电公司国网乌鲁木齐供电公司老满城仓库	一级（★★★）
171	国网山东省电力公司招远市供电公司国网招远市供电公司金城路仓库	二级（★★）
172	国网山东省电力公司烟台市福山区供电公司国网福山区供电公司明珠路仓库	二级（★★）
173	国网浙江省电力有限公司兰溪市供电公司国网兰溪市供电公司通游仓库	二级（★★）
174	国网山东省电力公司桓台县供电公司国网桓台县供电公司工业街仓库	二级（★★）
175	国网新疆电力有限公司吐鲁番供电公司国网吐鲁番供电公司丝绸路仓库	二级（★★）

续表

序号	库区名称	级别
176	国网浙江省电力有限公司东阳市供电公司国网东阳供电公司歌山仓库	二级（★★）
177	国网新疆电力有限公司哈密供电公司国网哈密供电公司白云大道仓库	一级（★★★）
178	蒙牛乳业（太原）有限公司物流数智立体库	一级（★★★）
179	国网山东省电力公司莱州市供电公司国网莱州市供电公司玉海街仓库	二级（★★）
180	国网山东省电力公司高青县供电公司国网高青县供电公司潍高路仓库	二级（★★）
181	国网山东省电力公司泰安供电公司国网泰安供电公司检储配一体化基地	一级（★★★）
182	中粮可口可乐饮料（山西）有限公司中央仓	一级（★★★）
183	国网山东省电力公司肥城市供电公司国网肥城市供电公司物资仓储中心	一级（★★★）
184	霍邱县顺捷运输有限公司霍邱县顺捷物流园	一级（★★★）
185	国网山东省电力公司栖霞市供电公司国网栖霞市供电公司电业路仓库	二级（★★）
186	湖南旺德府家居智能科技有限公司旺德府智能家居产业园	一级（★★★）
187	贵州贵海冷链仓储服务有限公司贵州快递物流园贵海冷链物流港	一级（★★★）
188	江苏无锡国家粮食储备库有限公司无锡市粮食和物资应急保障服务中心	一级（★★★）
189	六安市顺流物流速递有限公司六安市顺流物流仓储园	二级（★★）
190	瀚菱（惠州）供应链管理有限责任公司霸菱汽车及零部件电商产业基地项目	一级（★★★）
191	中远海运物流发展有限公司中远海运物流发展上海临港低碳物流园	一级（★★★）
192	宜家分拨（上海）有限公司宜家奉贤分拨中心	一级（★★★）
193	国网浙江省电力有限公司杭州供电公司国网杭州供电公司九和仓库	二级（★★）
194	镝擎（嘉善）传感技术有限公司镝擎嘉善产业园	二级（★★）
195	上海快仓供应链科技有限公司上海快仓智能（宝湾）产业园	一级（★★★）
196	国网山东省电力公司沂源县供电公司国网沂源县供电公司埠岭路仓库	二级（★★）
197	国网河北省电力有限公司安平县供电分公司国网安平县供电公司北新大道仓库	三级（★）
198	南京龙潭物流基地开发有限公司南京龙潭物流基地	二级（★★）
199	南京龙潭物流基地开发有限公司南京远方物流集团有限公司百事食品项目库区	二级（★★）
200	国网河北省电力有限公司衡水供电分公司国网衡水供电公司南环东路仓库	二级（★★）
201	贵阳农产品物流发展有限公司贵阳农产品物流园冷库	二级（★★）
202	国网浙江省电力有限公司新昌县供电公司国网新昌县供电公司梅渚仓库	二级（★★）
203	国网河南省电力公司许昌市建安供电公司国网许昌市建安供电公司昌盛路仓库	二级（★★）
204	国网河南省电力公司洛阳供电公司国网洛阳供电公司苗南西路仓库	二级（★★）
205	国网浙江省电力有限公司杭州市临安区供电公司新溪桥仓库	二级（★★）
206	国网河南省电力公司内黄县供电公司国网内黄县供电公司瓷都大道仓库	二级（★★）
207	百秋新洛杰斯（长兴）供应链管理有限公司百秋新洛杰斯（长兴）奢品中心	一级（★★★）
208	北京祥龙京南昌达物流有限公司京南昌达物流园区	一级（★★★）
209	济源市丰源电力有限公司国网济源供电公司南环路仓库	二级（★★）
210	陕西海川医药有限公司海川医药仓库	一级（★★★）
211	贵州习酒股份有限公司李子春包物流园	一级（★★★）
212	贵州民族酒业（集团）德盛缘酒类收储有限公司德盛缘封坛仓库	一级（★★★）

续表

序号	库区名称	级别
213	国网山东省电力公司莱阳市供电公司国网莱阳市供电公司金山路仓库	二级（★★）
214	国网河南省电力公司安阳供电公司国网安阳供电公司文源街仓库	二级（★★）
215	山西杏花村汾酒厂股份有限公司采供物流中心仓库	一级（★★★）
216	金华市捷泰企业管理有限公司金华顺丰丰泰产业园	一级（★★★）
217	同福集团股份有限公司同福正定共享仓	一级（★★★）
218	河北中科达科技有限公司石家庄中通智能科技产业园	一级（★★★）
219	山东华沂智慧港物流有限公司山东华沂智慧港物流港项目	二级（★★）
220	威海正合仓储有限公司物流仓储配送中心	一级（★★★）
221	国网北京市电力公司物资分公司京电智能库	一级（★★★）
222	中国长城葡萄酒有限公司沙城中央仓	一级（★★★）
223	广西电网有限责任公司柳州供电局南方电网广西柳州区域仓	一级（★★★）
224	重庆丰预泰企业管理有限公司重庆空港顺丰丰泰产业园	一级（★★★）
225	武汉丰泰电商产业园管理有限公司武汉顺丰丰泰产业园	一级（★★★）
226	广东电网有限责任公司韶关供电局南方电网广东韶关周转仓	一级（★★★）
227	国网浙江省电力有限公司苍南县供电公司国网苍南县供电公司灵溪通福路仓库	二级（★★）
228	上海捷得供应链科技有限公司捷得供应链园区	一级（★★★）
229	国网河南省电力公司漯河供电公司国网漯河供电公司淞江路仓库	二级（★★）
230	蒙牛乳业（宁夏）有限公司智慧物流仓库	一级（★★★）
231	山东颐养健康集团药业有限公司山东健康集团智慧医药仓储物流园	一级（★★★）
232	国网河南省电力公司信阳供电公司国网信阳供电公司七里棚仓库	二级（★★）
233	保定蒙牛饮料有限公司一厂物流智能立体库	一级（★★★）
234	北京普洛斯金马科技发展有限公司美库北京顺义食品消费智能化中央厨房项目	一级（★★★）
235	内蒙古蒙牛乳业（集团）股份有限公司蒙牛和林三厂智能立体库	一级（★★★）
236	内蒙古蒙牛乳业（集团）股份有限公司蒙牛和林四厂数智立体库	一级（★★★）
237	国网山东省电力公司济南供电公司国网济南供电公司北启智慧仓储基地	一级（★★★）
238	内蒙古蒙牛乳业包头有限责任公司蒙牛包头工厂仓储中心	一级（★★★）
239	国网河南省电力公司周口供电公司国网周口供电公司开元大道仓库	二级（★★）
240	国网甘肃省电力公司武威供电公司国网武威供电公司荣华仓库	一级（★★★）
241	国网河南省电力公司驻马店供电公司国网驻马店供电公司练江路仓库	一级（★★★）
242	国网山东省电力公司滨州市滨城区供电公司国网滨城区供电公司凤凰一路仓库	二级（★★）
243	国网山东省电力公司东营市东营区供电公司国网东营区供电公司西六路仓库	二级（★★）
244	国网山东省电力公司东营市垦利区供电公司垦利区物资仓库	一级（★★★）
245	国网山东省电力公司阳信县供电公司国网阳信县供电公司幸福一路仓库	二级（★★）
246	国网山东省电力公司金乡县供电公司国网金乡县供电公司缗城路仓库	二级（★★）
247	国网山东省电力公司梁山县供电公司国网梁山县供电公司堂子村仓库	二级（★★）
248	国网山东省电力公司济宁市任城区供电公司国网任城区供电公司安居镇仓库	二级（★★）
249	国网山东省电力公司泗水县供电公司国网泗水县供电公司光明路仓库	二级（★★）

续表

序号	库区名称	级别
250	国网山东省电力公司汶上县供电公司国网汶上县供电公司峨眉山路仓库	二级（★★）
251	海洋石油工程股份有限公司天津智能存储中心	一级（★★★）
252	国网山东省电力公司烟台市蓬莱区供电公司国网蓬莱区供电公司港南路仓库	一级（★★★）
253	天津普隐仓储服务有限公司武清高村现代农产品冷链示范园项目	一级（★★★）
254	云南东盟国际农产品物流有限公司万纬昆明经开区国际进出口贸易港	一级（★★★）
255	国网河南省电力公司平顶山供电公司国网平顶山供电公司新华路仓库	二级（★★）
256	蒙牛乳业（曲靖）有限公司供应链智能化立体库	一级（★★★）
257	国网山东省电力公司曲阜市供电公司校场路仓库	三级（★）
258	国网山东省电力公司鱼台县供电公司国网鱼台县供电公司北环路仓库	二级（★★）
259	国网山东省电力公司微山县供电公司国网微山县供电公司南环路仓库	二级（★★）
260	国网山东省电力公司邹城市供电公司国网邹城市供电公司西外环仓库	二级（★★）
261	国网山东省电力公司济宁供电公司国网济宁供电公司检储配仓库	一级（★★★）
262	国网山东省电力公司嘉祥县供电公司国网嘉祥供电公司创新路仓库	一级（★★★）
263	蒙牛乳制品（眉山）有限公司物流数智立体仓储中心	一级（★★★）
264	国网山东省电力公司东营市河口区供电公司国网河口区供电公司海河路仓库	二级（★★）
265	国网山东省电力公司利津县供电公司国网利津县供电公司利五路仓库	二级（★★）
266	国网山东省电力公司广饶县供电公司国网广饶县供电公司广兴路仓库	二级（★★）
267	长沙云立方供应链管理有限公司长沙黄花跨境电商项目	一级（★★★）
268	国网河南省电力公司虞城县供电公司国网虞城县供电公司漓江路仓库	二级（★★）
269	天津隐东冷链仓储有限公司冷链物流园	一级（★★★）
270	广东时捷物流有限公司茶山物流园	一级（★★★）
271	国网湖北省电力有限公司宜昌供电公司国网宜昌市供电公司桔乡路仓库	一级（★★★）
272	国网浙江省电力有限公司松阳县供电公司国网松阳县供电公司叶村仓库	一级（★★★）
273	东莞市景昌物流有限公司龙地东莞常平物流园	一级（★★★）
274	国网甘肃省电力公司肃南县供电公司国网肃南县供电公司红湾仓库	一级（★★★）
275	国网浙江省电力有限公司景宁县供电公司国网景宁县供电公司东畔仓库	二级（★★）
276	完美（广东）日用品有限公司完美华南生产基地库区	一级（★★★）
277	国网浙江省电力有限公司云和县供电公司国网云和县供电公司白龙仓库	二级（★★）
278	丽水宏盛电力有限公司城西仓库	二级（★★）
279	北京祥龙三台山物流有限公司三台山物流园	一级（★★★）
280	国网河南省电力公司南阳供电公司国网南阳供电公司北垣街仓库	一级（★★★）
281	国网福建省电力有限公司物资分公司国网福建电力福州周转库	一级（★★★）
282	安得智联供应链科技股份有限公司厦门经营中心仓	一级（★★★）
283	国网山东省电力公司莒县供电公司国网莒县供电公司龙泉路仓库	二级（★★）
284	国网河南省电力公司汝阳县供电公司国网汝阳县供电公司蓝海大道仓库	二级（★★）
285	安得智联供应链科技股份有限公司福州经营中心仓	一级（★★★）
286	国网山东省电力公司高唐县供电公司物资供应分中心政通路物资仓库	一级（★★★）

续表

序号	库区名称	级别
287	国网山东省电力公司五莲县供电公司国网五莲县供电公司烟台路仓库	一级（★★★）
288	国网河南省电力公司灵宝市供电公司国网灵宝市供电公司车窑村仓库	二级（★★）
289	国网河南省电力公司辉县市供电公司国网辉县市供电公司三里屯仓库	二级（★★）
290	国网安徽省电力有限公司蚌埠供电公司国网蚌埠供电公司黄山大道仓库	一级（★★★）
291	上海唯新企业投资有限公司科茂路基地	一级（★★★）
292	玉湖冷链物流（长沙）有限公司玉湖冷链（沙）交易中心	一级（★★★）
293	国网浙江省电力有限公司杭州市钱塘区供电公司江东仓库	二级（★★）
294	鞍山市东拓城市更新建设有限公司鞍山市铁东区乡村振兴建设项目	二级（★★）
295	国网浙江省电力有限公司杭州市余杭区供电公司开发区仓库	一级（★★★）
296	国网浙江省电力有限公司杭州市临平区供电公司五洲路仓库	一级（★★★）
297	国网河南省电力公司新密市供电公司国网新密市供电公司嵩山大道仓库	二级（★★）
298	国网浙江省电力有限公司建德市供电公司国网建德市供电公司桥南仓库	二级（★★）
299	宁夏回族自治区烟草公司银川市公司物流配送中心	一级（★★★）
300	国网浙江省电力有限公司平阳县供电公司国网平阳县供电公司新纪元仓库	二级（★★）
301	国网浙江省电力有限公司桐庐县供电公司国网桐庐县供电公司石阜仓库	二级（★★）
302	四川安吉物流集团有限公司四川安吉物流园	一级（★★★）
303	郑州民商物联网科技发展有限公司郑州民商供应链产业园	一级（★★★）
304	济南加州通达国际冷链物流产业园有限公司济南加州·通达国际冷链物流中心	一级（★★★）
305	铜仁东陆港集团有限公司鹏程物流园	一级（★★★）
306	重庆欤诺仓储服务有限公司东久新宜重庆空港物流园	一级（★★★）
307	国网山东省电力公司莒南县供电公司国网莒南县供电公司隆山路仓库	二级（★★）
308	国网山东省电力公司临沭县供电公司国网临沭县供电公司开发区仓库	一级（★★★）
309	国网山东省电力公司兰陵县供电公司国网兰陵县供电公司塔山路仓库	二级（★★）
310	国网山东省电力公司新泰市供电公司国网新泰市供电公司新兴路仓库	二级（★★）
311	国网山东省电力公司惠民县供电公司国网惠民县供电公司物资供应分中心仓库	三级（★）
312	国网山东省电力公司费县供电公司国网费县供电公司兴业路仓库	二级（★★）
313	国网山东省电力公司沂南县供电公司国网沂南县供电公司物资供应分中心	三级（★）
314	国网山东省电力公司东平县供电公司国网东平县供电公司赤脸店街仓库	二级（★★）
315	中国物流南充有限公司中国物流南充物流中心	一级（★★★）
316	长沙星纳斯供应链管理有限公司长沙智慧冷链产业园	一级（★★★）
317	厦门夸特纳斯供应链管理有限公司夸特纳斯（厦门）国际食材集采配中心	一级（★★★）
318	蒙牛特仑苏（张家口）乳业有限公司智能仓库	一级（★★★）
319	泉州多彩云仓城际物流有限公司新宜泉州多彩云仓物流园	一级（★★★）
320	陕西医药控股集团兴庆医药有限公司西北国际中医药产业园1号综合体	一级（★★★）
321	西咸新区新领物流有限公司领港秦汉新城物流园	二级（★★）
322	北方恒达物流有限公司北方恒达产业园一期钢材智慧仓库	一级（★★★）
323	迅通（西安）仓储发展有限公司迅通物流西安分拨基地项目（一期）6#库房	二级（★★）

续表

序号	库区名称	级别
324	国网冀北电力有限公司秦皇岛供电公司国网秦皇岛供电公司柳村仓库	一级（★★★）
325	国网冀北电力有限公司承德供电公司国网承德上板城仓库	二级（★★）
326	兴义市阳光物流有限公司兴义市智能一体化现代综合物流园提质增效项目	一级（★★★）
327	苏州夸特纳斯供应链管理有限公司夸特纳斯国际食材集采集配加工销售中心项目	一级（★★★）
328	天津戴瑞科技有限责任公司领港天津武清物流园	二级（★★）

注："一级（★★★）"为最高级别。

2024 年电力物资零碳仓库

为贯彻落实国务院及相关部门关于碳达峰碳中和的有关文件精神，根据团体标准《电力物资零碳仓库要求与评价》（T/WD 118），经企业自愿申报、中国仓储与配送协会标准化评价办公室现场评价，且公示无异议，确定 2024 年获得"电力物资零碳仓库"称号的企业库区如下表所示。

编号	库区名称	星级
1	国网浙江省电力有限公司平湖市供电公司国网平湖市供电公司新群仓库	三星级
2	国网江苏省电力有限公司宿迁供电分公司国网宿迁供电公司华山共享专业仓	二星级
3	中国长江电力股份有限公司三峡储备基地	三星级
4	国网山东省电力公司聊城供电公司物资部仓库	三星级
5	国网安徽省电力有限公司亳州供电公司国网亳州供电公司合欢路仓库	三星级
6	广西电网有限责任公司南宁供电局南方电网广西南宁区域仓	三星级
7	广东电网有限责任公司韶关供电局南方电网广东韶关周转仓	三星级
8	国网山东省电力公司东阿县供电公司物资供应分中心大秦仓库	三星级
9	国网浙江省电力有限公司龙泉市供电公司国网龙泉市供电公司广源仓库	三星级
10	国网甘肃省电力公司平凉供电公司国网平凉供电公司米家湾仓库	三星级
11	国网浙江省电力有限公司遂昌县供电公司国网遂昌县供电公司银川仓库	三星级
12	国网浙江省电力有限公司松阳县供电公司国网松阳县供电公司叶村仓库	三星级
13	国网甘肃省电力公司肃南县供电公司国网肃南县供电公司红湾仓库	三星级
14	国网甘肃省电力公司张掖供电公司国网张掖供电公司火车站仓库	三星级
15	广西电网有限责任公司柳州供电局南方电网广西柳州区域仓	三星级
16	国网宁夏电力有限公司银川供电公司滨河仓库	三星级

注："三星级"为最高级别。

2024 年仓储服务金牌企业

根据国家标准《仓储服务质量要求》（GB/T 21071）、《中国仓储服务质量评鉴办法》规定，经企业自愿申报、征求客户评价意见、中国仓储与配送协会标准化评价办公室初审和现场审定，且公示无异议，确定 2024 年获得"仓储服务金牌企业"称号的企业如下表所示。

序号	企业名称
1	广东电网有限责任公司惠州供电局
2	常熟市宏民物流中心有限公司
3	国网天津市电力公司营销服务中心
4	熊猫电子集团有限公司
5	浙江永升医药物流有限公司
6	广州市广百物流有限公司
7	常熟城配供应链管理有限公司
8	江苏中博通信有限公司
9	广东世必达物流有限公司
10	广东福地供应链有限公司
11	深圳市富润德供应链管理有限公司
12	华诚沿江国际物流（苏州）有限公司
13	上海星力仓储服务有限公司
14	福建省瓷都云谷电商物流园有限责任公司
15	成都润宝物流有限公司
16	百秋新洛杰斯（长兴）供应链管理有限公司
17	安得智联供应链科技股份有限公司
18	上海医药物流中心有限公司
19	上海全方物流有限公司
20	陕西煤业物资有限责任公司西安分公司
21	宁波天翔货柜有限公司
22	广东时捷物流有限公司
23	上海北芳储运集团有限公司
24	完美（广东）日用品有限公司
25	慈溪太平鸟物流有限公司
26	湖南达嘉维康医药有限公司
27	四川安吉物流集团有限公司

2024 年仓储配送绿色化企业

根据国家标准《绿色仓储与配送要求及评估》（GB/T 41243）、《仓储配送绿色化企业评价办法》规定，经企业自愿申报、中国仓储与配送协会标准化评价办公室初审和现场评审，且公示无异议，确定 2024 年获得"仓储配送绿色化企业"标识的企业如下表所示。

序号	企业名称
1	江苏安方电力科技有限公司
2	广东电网有限责任公司惠州供电局
3	安得智联供应链科技股份有限公司
4	国网山东省电力公司淄博供电公司

2024 年担保存货管理资质企业

　　根据国家标准《担保存货第三方管理规范》（GB/T 31300）、《担保存货管理企业评价办法》规定，经企业自愿申报、征求客户评价意见、中国仓储与配送协会标准化评价办公室初审和现场评审，且公示无异议，确定 2024 年获得"担保存货管理资质"的企业如下表所示。

序号	企业名称	等级
1	宁夏亿博丰担保品管理有限公司	二级甲等
2	亳州市中联物流园管理有限公司	二级甲等
3	中信梧桐港供应链管理有限公司	二级甲等
4	繁兴供应链管理（辽宁）有限公司	一级甲等
5	内蒙古汇融仓储监管服务有限公司	一级甲等
6	内蒙古天眼动产管理有限公司	一级甲等
7	贵州省中恒黔诚农业产业发展（集团）有限公司	一级甲等
8	浙江长运安信仓储服务有限公司	一级甲等
9	广东新兴发展供应链管理有限公司	一级甲等
10	大连威洋物流有限公司	一级甲等
11	河南众储供应链管理有限公司	一级乙等
12	中恒纺织交易市场（广东）有限公司	一级乙等
13	甘肃文旅仓储运营管理有限公司	一级乙等
14	甘肃陆港云链科技有限公司	一级乙等
15	内蒙古小仓鼠仓储物流有限责任公司	一级丙等
16	河北联怡产业发展有限公司	一级丙等
17	临沂启阳市场管理有限公司	一级丙等
18	吉林省农投中民仓储监管有限公司	一级丙等
19	河北科昌供应链管理有限公司	一级丙等
20	中谷云链（贵州）数字科技有限公司	一级丙等
21	陕西方瑞达供应链管理有限公司	一级丙等
22	智联集源物流（大连）有限公司	一级丙等

　　注：资质分为级别（规模）、等次（管理水平）两方面，级别标准从高到低依次为三级、二级、一级，等次标准从高到低依次为甲等、乙等、丙等。